TENDI SHERPA

Flore Dussey

TENDI SHERPA

Plus haut que l'Everest

Préface de
Peter Hillary

Glénat

ÉDITEUR ORIGINAL

ISBN 979-10-414-1675-2

À Romane Dali, Dolma et Dechen

Always do your best !

Liz Schick, 1998

Préface

L'histoire de Tendi Sherpa est exceptionnelle ! Celui qui est aujourd'hui l'un des plus grands guides de l'Himalaya a été un enfant moine, dans le monastère bouddhiste de son village. Le jeune Sherpa a construit sa carrière de manière fulgurante. Porteur à treize ans, sirdar, guide certifié UIAGM (Union internationale des associations de guides de montagne) et enfin spécialiste de l'Everest à tout juste vingt-cinq ans. Son rêve est devenu réalité.

Qu'y a-t-il de plus beau que l'ascension de l'Everest ? La complicité que mon père, Sir Edmund Hillary, et Tenzing Norgay ont partagée leur a permis de réussir la première ascension de la plus haute montagne du monde, le 29 mai 1953, l'un des plus grands succès du XXe siècle. Hillary et Tenzing sont devenus les « rock stars » de l'alpinisme et le symbole d'un accomplissement hors-normes.

Le parcours de Tendi illustre la spectaculaire mutation qu'ont vécue les montagnards népalais, ces dernières décennies. Au début de l'alpinisme himalayen, les sherpas avaient peu ou pas de formation et n'avaient d'autres choix que d'apprendre sur le tas. Leur travail était dangereux. Beaucoup mouraient en l'exerçant. Aujourd'hui, cette nouvelle génération dont Tendi fait partie compte parmi les guides les plus compétents du circuit. Ils ont atteint le sommet du mont Everest/Chomolungma[1]/Sagarmatha[2] dix ou vingt fois. Leur convivialité et la confiance qu'ils inspirent sont devenues leur marque de fabrique.

Ce sont ces qualités-là que mon père aimait chez les habitants des hautes terres du Népal. Jamais ils ne s'apitoyaient sur leur sort, sur les difficultés de leur vie. En leur construisant des écoles et des dispensaires, Ed leur a modestement donné accès à ce dont ils avaient le plus besoin.

Cette approche participative a forgé de nombreuses amitiés et a incité mon père à retourner maintes fois dans ce Népal qui est devenu sa deuxième maison. Au fil du temps, l'équipe d'Himalayan Trust[3] a construit quarante-deux écoles et hôpitaux dans la région de l'Everest. Nous poursuivons aujourd'hui ce travail en collaboration avec d'autres partenaires.

Dans un esprit similaire à celui de Sir Edmund Hillary, Tendi a créé, avec son père et un ami suisse, l'association Nepalko Sathi (Amis du Népal). Cette association d'entraide développe des infrastructures dans les villages reculés de sa vallée d'origine du Khembalung. Parallèlement, la Fondation Tendi Sherpa bâtit des écoles, des centres de formation et apporte assistance aux veuves de sherpas.

J'ai eu la chance d'avoir un père qui m'a ouvert la voie. J'ai participé à plus de cinquante expéditions sur les montagnes du monde entier, dont cinq à l'Everest,

1. Everest en népalais.
2. Everest en tibétain, en langue sherpa.
3. Une organisation humanitaire internationale à but non lucratif créée dans les années 1960 par Edmund Hillary.

sur des itinéraires différents, atteignant le sommet à deux reprises. À présent, comme leur illustre grand-père, mes fils George et Alexander sont également attirés par les hauteurs. Guidés par Tendi, ils ont gravi l'Ama Dablam (le Cervin de l'Himalaya) qui culmine à 6 900 mètres d'altitude. Ce fut un événement marquant pour eux. Depuis, le jeune Népalais est devenu leur ami et ils lui confieraient leur vie en montagne.

Tendi est tout aussi à l'aise sur un 8000 qu'en discutant philosophie au café du coin, un cappuccino à la main. Il dégage une sympathie qui attire irrémédiablement les gens vers lui. Son large sourire me rappelle celui de Tenzing Norgay. Tendi Sherpa est sans nul doute un homme de l'Everest.

Peter Hillary
Fils de Sir Edmund Hillary

Prologue

Cette courte introduction sur les Sherpas a pour objectif d'apporter des éléments de compréhension lors de la lecture du présent ouvrage.

Les Sherpas

Le 29 mai 1953, aux côtés de Sir Edmund Hillary, le Népalais Tenzing Norgay conquiert l'Everest et montre la voie à plusieurs générations de sherpas. À l'époque comme de nos jours, la plupart des expéditions commerciales entreprises en Himalaya seraient impossibles sans ces forces de la nature, qu'ils soient guides ou porteurs. Aujourd'hui, ces hommes, et parfois ces femmes, exercent bien au-delà de la chaîne himalayenne. Dès lors, le terme « sherpa », utilisé souvent à tort, mérite d'être clarifié.

Définition

Sherpa (avec majuscule) : membre de l'ethnie sherpa, mais également nom de famille des membres de cette même population. Les femmes sont appelées communément Sherpani, mais leur nom de famille reste Sherpa.

sherpa (avec minuscule) : langue des Sherpas, proche du tibétain.

sherpa (avec minuscule) : le mot sherpa est utilisé généralement pour désigner les porteurs, d'autant que la plupart sont issus d'autres ethnies, telles que celle des Rais, des Tamangs, des Gurungs, des Magars ou encore des Newars. Des hindous peuvent également exercer cette profession. Les *summiters*, travailleurs de haute altitude, en revanche, sont principalement des Sherpas.

Origines historiques

Le mot sherpa signifie peuple (pa) de l'est (sher). En raison du manque de traces écrites retrouvées sur l'histoire des Sherpas, il est difficile de connaître les origines de leur migration, il y a cinq cents ans, depuis la province du Kham, à l'est du Tibet, jusqu'au Népal. Des hypothèses suggèrent des tensions religieuses ou politico-sociales avec les Mongols présents sur le territoire tibétain. Les Sherpas ont ainsi migré progressivement, du XVIe au XVIIIe siècle, jusqu'au Népal, sur une distance de deux mille kilomètres. Ils ont dû franchir les hauts cols himalayens. Les premières familles se sont installées dans le Khumbu, le Pharak et le Solu. Par vagues successives, d'autres populations de la même origine sont arrivées à l'Hélambu, au nord de Katmandou, au Rolwaling, ou encore dans la vallée de l'Arun.

Occupation

Autrefois, les Sherpas vivaient uniquement de l'agriculture et de l'élevage. Ils cultivaient essentiellement l'orge et le millet. Au début du XIXe siècle, le riz était la principale culture dans la vallée de Katmandou. L'introduction de la pomme de terre en Himalaya est le fait d'administrateurs ou de missionnaires[1]. Depuis, le féculent pousse

1. Pascale Dollfus, Marie Lecomte-Tilouine et Olivia Aubriot, Les cultures à l'épreuve du temps. Esquisse d'une histoire de l'agriculture en Himalaya. *Histoire et devenir des paysages en Himalaya. Représentations des milieux et gestion des ressources au Népal et au Ladakh*, CNRS Éditions, p. 273-316, 2003, Espaces et milieux, 9 782 271 060 006.

jusqu'à 4 000 mètres d'altitude et l'effet d'une meilleure nutrition est retentissant au Népal : sa population a quintuplé en moins de cent cinquante ans.

De nombreux Sherpas élevaient des yaks avec lesquels ils parcouraient les hauts pâturages, au-delà des 5 000 mètres. Dès le début de la conquête himalayenne, ces hommes, habitués aux conditions rudes, ont constitué la main-d'œuvre idéale pour les grandes expéditions et autres trekkings. Ils sont ainsi devenus de vrais professionnels de la montagne. Le tourisme a considérablement modifié leur vie. Beaucoup ont délaissé l'agriculture, attirés par des gains complémentaires dans ce nouveau secteur d'activité. Certains ont fini par abandonner leurs terres pour s'établir à Katmandou. Si d'aucuns ont accédé aux plus hautes fonctions, telles que chef d'agence, sirdar[1] ou propriétaire et exploitant de lodges sur les itinéraires de trekkings, nombreux sont ceux qui doivent encore se contenter de travaux subalternes et mènent une vie misérable. Les gains financiers de quatre ou cinq trekkings par an ne suffisent pas pour vivre dans la capitale où les prix sont largement au-dessus de leurs moyens.

Castes

Socialement, le Népal est organisé de manière héréditaire, selon le système hindou des castes[2]. Les mariages sont généralement prononcés entre personnes de caste identique, mais de tribus différentes. Les ethnies brahmanes et chhetris dominent largement la vie politique et intellectuelle népalaise[3]. Les Sherpas estiment toutefois

1. Responsable local d'une expédition.
2. www.zonehimalaya.net/Nepal/moeurs.htm
3. www.universalis.fr/encyclopedie/nepal/2-groupes-ethniques-et-castes/

qu'ils peuvent désormais parler d'égal à égal avec les membres de ces hautes castes.

Religion

Les Sherpas pratiquent la religion bouddhiste tantrique appelée aussi le bouddhisme tibétain, une forme très ancienne. Ils honorent de nombreuses divinités au cours de rites qui rythment un calendrier qui leur est propre. Leurs festivités ont pour objectif d'attirer les faveurs et la protection des esprits bienfaisants contre d'autres entités néfastes[1]. Très superstitieux, ils croient en l'existence sur Terre d'esprits malfaisants. Les pratiques chamaniques sont fréquentes ; à travers les transes et les rituels, les chamans peuvent diagnostiquer des maladies, les guérir, ou encore pratiquer la divination[2].

De nombreux monastères sont installés en pays sherpa. N'y vivent pas uniquement des moines ayant fait vœu de célibat, mais aussi des hommes et des femmes mariés, des veufs et des veuves. Certains s'y installent définitivement, alors que d'autres n'y demeurent que quelques semaines. Le clergé est également composé des nombreux lamas de villages qui officient dans un gompa[3]. Il s'agit généralement d'hommes mariés et de pères de famille qui ont acquis les connaissances religieuses élémentaires leur permettant de lire les mantras et de diriger les cérémonies religieuses. Ils sont particulièrement respectés et sont sollicités en cas de maladie afin de chasser les esprits malfaisants qui, selon eux, sont la cause de tous les maux.

1. Hanson, F. A. (1981). The semiotics of ritual. (p. 170).
2. Ortner, S. B. (1995), *The case of the disappearing shamans, or no individualism, no relationalism*. Ethos, 23(3), 355-390. (p. 357-358).
3. Lieu de culte bouddhiste.

Outre leurs occupations religieuses, les nonnes participent généralement aux travaux des champs : l'agriculture et l'élevage. Beaucoup de femmes célibataires ou de veuves rejoignent ces communautés. La religion est omniprésente dans la vie des Sherpas. Chörtens[1], murs mani[2], moulins et drapeaux de prières jalonnent les chemins et les villages, et chaque maison possède un autel familial.

Les premiers Occidentaux venus explorer les sommets himalayens ont découvert des gens pieux, mais ils ont surtout été interpellés par les qualités physiques exceptionnelles des Sherpas. Ceux-ci sont devenus les soutiens incontournables de toutes les expéditions. Exposés à la haute altitude depuis de nombreuses générations, ils se sont particulièrement bien acclimatés à ces rudes conditions de vie et ont même développé leur propre adaptation génétique.

Ils ont la réputation d'être courageux, infatigables et dévoués. Si cela est vrai pour nombre d'entre eux, certains fléaux, tels que l'alcoolisme ou l'oisiveté, les frappent également, pour le grand malheur de la communauté.

Aujourd'hui, les Sherpas vivent entre tradition et modernité. Tendi Sherpa ne fait pas exception. Guide de haute montagne reconnu à l'international, il évolue constamment entre ces deux mondes. Un téléphone greffé dans une main, suivi par plusieurs milliers de *followers*, il saura toujours s'isoler pendant des heures pour méditer. Son lien au Bouddha est incontestablement le carburant de sa vie.

1. Un chörten, ou stupa, est un monument bouddhique renfermant des reliques ou des textes sacrés ayant pour effet de sanctifier et de protéger les lieux où ils sont érigés.
2. Pierre gravée de prières bouddhistes. Pour plus d'informations : www.zonehimalaya.net/Informations/glossaire.htm

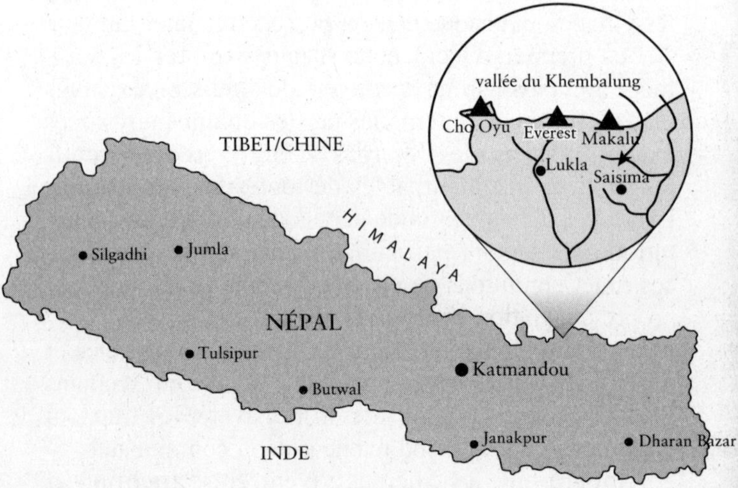
vallée du Khembalung
Cho Oyu
Everest
Makalu
Lukla
Saisima
TIBET/CHINE
HIMALAYA
Silgadhi
Jumla
NÉPAL
Tulsipur
Katmandou
Butwal
Janakpur
Dharan Bazar
INDE

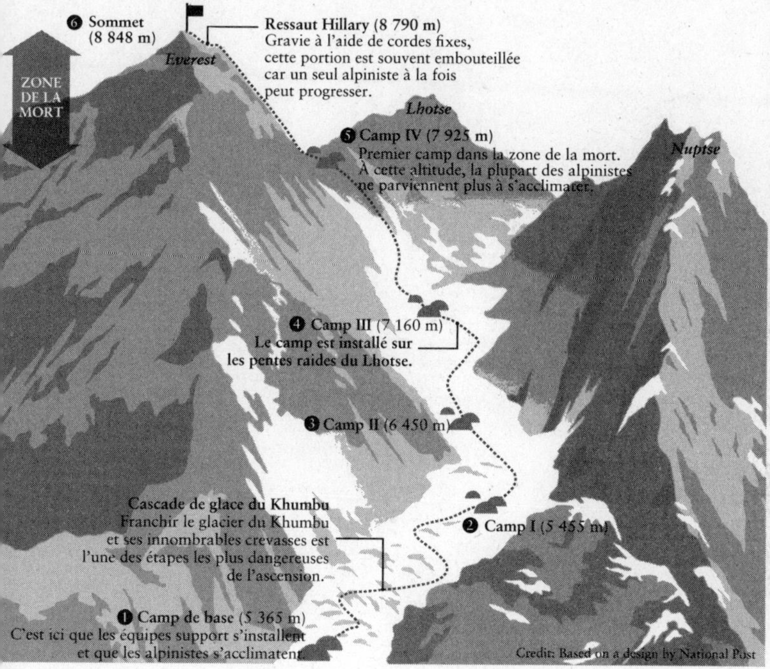

Sommet (8 848 m)
ZONE DE LA MORT
Everest
Ressaut Hillary (8 790 m)
Gravie à l'aide de cordes fixes, cette portion est souvent embouteillée car un seul alpiniste à la fois peut progresser.
Lhotse
Camp IV (7 925 m)
Premier camp dans la zone de la mort. À cette altitude, la plupart des alpinistes ne parviennent plus à s'acclimater.
Nuptse
Camp III (7 160 m)
Le camp est installé sur les pentes raides du Lhotse.
Camp II (6 450 m)
Cascade de glace du Khumbu
Franchir le glacier du Khumbu et ses innombrables crevasses est l'une des étapes les plus dangereuses de l'ascension.
Camp I (5 455 m)
Camp de base (5 365 m)
C'est ici que les équipes support s'installent et que les alpinistes s'acclimatent.
Credit: Based on a design by National Post

PREMIÈRE PARTIE

1

À chacun son Everest

Au Népal, aucune ascension ne débute sans le rituel de la puja, cette incantation bouddhiste à la montagne pour attirer les faveurs des dieux afin que l'expédition se déroule sans incident. Les dates exactes auxquelles elles doivent avoir lieu sont dictées par le calendrier tibétain. Tendi Sherpa se réjouit de partager la cérémonie avec toutes les équipes présentes au camp de base situé à 5 365 mètres d'altitude. Pour cette saison 2022, trois cent seize alpinistes ont reçu leur permis pour gravir l'Everest. Quatre-vingt-dix de moins qu'en 2021, une année record. Pour le guide, c'est une bonne nouvelle, car se retrouver entassés sur le toit du monde n'est pas une mince affaire.

Il fait beau, ce 19 avril. Occidentaux et sherpas sont réunis autour du chörten en pierre. Certains s'installent sur des chaises, d'autres préfèrent rester debout. Tendi prend les deux clientes australiennes de Climbing the Seven Summits (CTSS) par le bras et leur glisse à l'oreille : « La puja m'apporte toujours une grande paix intérieure. Vous verrez, elle nous portera jusqu'au sommet. »

Le lama[1] vient de donner le coup d'envoi de la cérémonie en faisant tinter une clochette. À travers elle, il

1. Moine tibétain de haut rang (célibataire ou marié) officiant dans de nombreux rituels et festivités bouddhistes rythmant la vie des Sherpas et qui enseigne le bouddhisme tibétain.

convoque les divinités. La puja permet aux alpinistes de se présenter aux massifs himalayens en toute humilité. Ces hommes et ces femmes qui rêvent de conquérir l'Everest demandent aux dieux permission et protection dans la traversée de leur royaume normalement inaccessible. Jane ferme les paupières et se laisse envahir par le son métallique des cymbales. Gabby, sa fille de dix-neuf ans, garde les yeux grand ouverts pour ne rien perdre de cet instant empreint de solennité.

Des fleurs coupées et des aliments sont déposés sur un autel en guise d'offrandes. Une musique tibétaine couvre la lecture des mantras[1]. Tendi embrase une branche de genévrier et encense le camp tout en récitant lui aussi des prières.

Durant la cérémonie, un mât est érigé au centre de l'imposant campement. De là partent en étoile des dizaines de drapeaux de prières. Sur chaque carré de tissu coloré sont imprimées des pensées spirituelles. Lorsque le vent souffle, celles-ci s'envolent vers les êtres qui en ont le plus besoin. Les alpinistes apportent alors leurs casques, piolets, chaussures, crampons, cordes et harnais pour la bénédiction. Certains y déposent des objets plus personnels, comme le doudou de leur enfant.

Les deux lamas passent une khata[2] autour du cou de chacun et, comme une sorte de grigri, une ficelle rouge

1. Formules sacrées, en sanskrit, prenant la forme de simples syllabes, ou de phrases, et possédant un pouvoir spirituel particulier. Les mantras sont psalmodiés à des fins rituelles de protection, d'invocation, ainsi que de méditation.

2. Écharpe de prière traditionnellement en soie blanche ou jaune, offerte en signe de bienveillance à ceux qui partent pour leur souhaiter bonne chance. Elle symbolise le bon présage et la compassion. Celui qui la reçoit l'abandonne ensuite sur un pont ou sur une branche d'arbre ou encore sur un col.

et orange. La procession se termine avec le lancer de grains de riz porte-bonheur. Par surprise, Tendi frictionne de farine le visage de Gabby. Tout le monde fait de même en riant aux éclats. Ces deux heures de rites suffiront sans doute à contenter les dieux de la montagne et à obtenir leur permission de gravir le 8000. Tous les signaux sont au vert pour une belle ascension.

C'est la deuxième fois que Gabby et Jane se retrouvent au camp de base de l'Everest. Leur aventure a commencé alors que l'adolescente s'apprêtait à fêter son quinzième anniversaire. À cette occasion, son père lui a demandé quel était son rêve le plus fou.

« Franchement, j'aimerais gravir l'Everest ! »

Jarrod lui a répondu du tac au tac :

« OK, alors autant s'y préparer tout de suite ! »

Huit semaines plus tard, Gabby et sa mère réalisaient un trekking jusqu'au camp de base du mythique sommet népalo-tibétain. La jeune fille marchait vite et appréhendait remarquablement bien l'altitude. Pour ses parents, la meilleure école de vie, c'est celle du sport : triathlon, escalade, natation, gym en salle. Depuis son plus jeune âge, l'activité physique fait partie intégrante de son éducation. Mais, de toute évidence, il faut d'abord faire ses preuves avant de s'attaquer à la plus haute montagne du monde.

Gabby débuta ainsi son apprentissage de *summiter*[1] en escaladant un premier 4000 sur l'île malaisienne de Bornéo, en Asie du Sud-Est. En Océanie, elle se frotta aux massifs néo-zélandais lors d'un stage intensif d'alpinisme. Sa passion pour la montagne s'est affirmée de jour en jour. Lui manquait encore l'expérience de la haute altitude. L'adolescente retourna au Népal et

1. Himalayiste qui évolue sur les plus hauts sommets du monde.

dépassa à trois reprises les 6 000 mètres d'altitude sans apport d'oxygène.

Cette même année 2019, Gabby entra dans la légende en devenant la plus jeune femme à atteindre le sommet du Cho Oyu (8 201 m), alors qu'elle n'avait que seize ans. Ses performances hors du commun furent relayées chez elle, en Australie, mais également dans la presse spécialisée.

En ce printemps 2022, le rêve de Gabby va devenir réalité ! Tendi sera son guide. Mike Hamill, le chef d'expédition, a certifié à ses parents qu'elle serait entre de bonnes mains, en raison des capacités extraordinaires de ce Népalais de trente-huit ans qui travaille pour le groupe CTSS depuis de nombreuses années. Jane, quant à elle, formera une cordée avec Pasang, le sherpa qui a mené sa fille au sommet du Cho Oyu trois ans auparavant.

Après plusieurs semaines d'acclimatation, l'assaut du mont Everest peut enfin démarrer, mais, avant de quitter le camp de base, Gabby s'adresse à ses quelques sponsors dans une vidéo qu'elle poste aussitôt sur les réseaux sociaux : « J'espère que tout se passe au mieux en Australie. La maison me manque, mais je suis super excitée d'être là. Maman m'épate vraiment ! Elle tient une forme d'enfer ! Merci à tous. Grâce à votre soutien, mon rêve va enfin pouvoir se réaliser. »

Tendi a consacré du temps à la préparation mentale de sa jeune cliente. D'abord en lui exposant chaque difficulté du parcours : les dangers de la cascade de glace du Khumbu, le risque d'avalanches, le froid, la gestion de la fatigue, le manque de sommeil, le manque d'oxygène, l'évolution dans la zone de la mort une fois la barre des 8 000 mètres franchie. Ensuite en essayant de comprendre sa motivation profonde. Aller chercher des réponses au fond de soi-même n'est jamais facile et provoque généralement de puissantes réactions émotionnelles. Des trémolos dans la voix, Gabby raconte ses années d'école où la confiance en elle lui faisait défaut. Tendi l'écoute avec attention. Le Népalais lui explique que, comme pour un rite initiatique, il est parfois indispensable de prouver à certaines personnes de quoi on est capable.

Jane voulait être là pour sa fille qui, il n'y a pas si longtemps, n'était encore qu'une enfant. Ce n'est pas de Gabby qu'elle doute, mais bien d'elle-même. Cette ascension sera l'épreuve de sa vie. Dans cette interminable montée vers le sommet, la quinquagénaire peine à contenir ses émotions. Son récent divorce a laissé son cœur à vif. Jane puise ainsi dans ses dernières ressources pour tenir au mieux son rôle de mère, sur ces pentes hostiles, dans ce froid glacial.

Le jour de l'assaut final, le fameux *summit push*, Tendi fait un savant calcul pour que la cordée de Jane et Pasang arrive au sommet en même temps que celle qu'il forme avec Gabby. Mais les calculs ne suffisent pas et il en appelle à ses dieux pour que mère et fille puissent se tenir ensemble sur le toit du monde.

Il est 21 h 45, ce 13 mai 2022. Après un repos tout relatif, Tendi et Gabby quittent le col Sud où sont installées les dernières tentes de l'itinéraire. Dans la zone de la mort, le tandem évolue à un rythme impressionnant, dépassant de nombreux candidats au sommet. Les derniers 850 mètres de dénivelé se parcourent dans la nuit noire, des heures durant. Les dieux sont bel et bien avec eux. Devant eux, dans leur énorme doudoune, les masques à oxygène vissés sur leurs visages, Jane et Pasang, qui avaient pris deux heures d'avance, marchent lentement en direction de l'arête sommitale.

Les deux guides népalais, assistés par trois sherpas, épaulent les Australiennes dans cet ultime passage des plus vertigineux. Les sept membres de l'équipe évoluent sans parler, concentrés sur leur respiration.

Samedi 14 mai, à 4 h 30, Gabby se jette dans les bras de Jane, pleurant de joie. La mère et la fille ont atteint le point culminant de la planète. Gabby devient ainsi la plus jeune Australienne à avoir gravi l'Everest.

Par de chaleureuses accolades, Pasang et Tendi congratulent leurs clientes. Le jour se lève tout juste, leur offrant un spectacle unique : un bleu profond illumine un instant le ciel infini. Chaque seconde qui passe, la palette des couleurs évolue, traçant un mince filet orangé à l'horizon. Des centaines de pics blancs apparaissent à perte de vue, en dessous d'eux. Aucun nuage ni le moindre vent. Par chance, cette année, ce n'est pas la cohue. Les selfies et photos se prennent sous tous les angles.

Jane ôte un instant son masque pour féliciter également Tendi qui enregistre ce jour-là sa quatorzième ascension du sommet de l'Everest. Il lui sourit en guise de remerciement, puis il fait discrètement quelques pas à l'écart du trio. Le guide est à mille lieues d'une quelconque gloire personnelle. Son esprit est tourné vers le recueillement. Malgré les – 20 °C ambiants, il retire sa moufle et extrait de sa poche un petit tube hermétique. Il le dévisse, ferme les yeux, prend une grande inspiration et récite un mantra. Dans une communion totale, il lève le cylindre au-dessus de sa tête et laisse filer dans le vent glacial les cendres de son client nord-américain décédé dans ses bras il y a quelques mois, sur les pentes du Manaslu. Tendi formule à haute voix : « C'était ton rêve d'arriver ici. Maintenant, tu es chez toi. Que ton âme repose en paix, mon cher ami. »

Une fois l'acte sacré accompli, le guide retourne vers le petit groupe toujours en pleine contemplation. Celle-ci durera vingt minutes sur la minuscule plateforme sommitale. Dans cet environnement aussi magique qu'inhospitalier, impossible de rester plus longtemps sans risquer sa vie.

Sur le chemin du retour, arrivés au col Sud, à 7 906 mètres, Jane et Pasang poursuivent leur descente. Gabby, toujours guidée par Tendi, enchaîne avec une volonté déconcertante l'ascension du Lhotse voisin, la cinquième plus haute montagne du monde. En réussissant ce double exploit, ce « petit bout de femme » de dix-neuf ans a fait preuve d'un courage et d'une détermination que Tendi n'avait jamais rencontrés auparavant.

2

Le poids de la décision

Les dizaines de commentaires sur le compte Facebook de Tendi sont unanimes : le chef d'expédition est porté aux nues pour avoir refusé de mener ses clients au sommet du Manaslu, alors que la majorité des autres compagnies présentes au camp de base ont maintenu leur projet d'ascension en dépit d'une météo déplorable.

« Renoncer n'est pas une fin en soi ! Cette fois, le Manaslu n'était pas prêt à vous accueillir et vous avez su l'écouter. Tendi, tu as un tel respect de la montagne, et vous vous comprenez. C'est ce qui fait de toi le grand alpiniste que tu es. Tu as ramené tout le monde à la maison et ça, c'est la belle réussite du moment. »

« Seuls les sages comprennent les messages qu'envoie la nature. »

En lisant la note postée par Armand, son mentor et père de cœur, Tendi est saisi d'une vive émotion : « Quelle sage décision, mon cher Tendi. Renoncer si près du but est vraiment héroïque. Mon estime pour toi a encore grandi dans mon cœur. Je suis fier de toi. Saouji[1]. »

Tendi a pesé chaque mot avant de rédiger son message, le samedi 1er octobre 2022, au retour de

1. Saouji est le surnom népalais donné à Armand. Il signifie patron.

l'expédition qui a tourné court : « "Rentrer à la maison en toute sécurité depuis les sommets", cet adage a toujours été mon préféré. Nous, les quatre guides et guides assistants, les onze sherpas et les douze clients de CTSS, étions prêts pour l'assaut final du Manaslu. Après une dernière acclimatation à 6 800 mètres, nous sommes redescendus au camp de base pour nous reposer et évaluer la meilleure fenêtre possible pour notre ascension. Mais cette année, tous les signaux étaient au rouge. D'abord la mort de la célèbre free-rideuse américaine Hilaree Nelson, emportée par une coulée après avoir entamé sa descente à ski du sommet. Quel drame pour son compagnon d'avoir retrouvé son corps deux jours plus tard au fond d'une crevasse ! Puis les dernières neiges ont provoqué des avalanches à répétition. L'une d'elles a tué un ami de l'ethnie rai qui travaillait aux camps supérieurs. Une douzaine de personnes ont été blessées. Les opérations de secours ont fait prendre des risques inconsidérés aux sauveteurs. La météo est restée mauvaise durant des jours. Le vent soufflait par rafales. Nous étions plus de sept cents au camp de base à attendre désespérément une accalmie. Sept cents alpinistes, c'est clairement de la surfréquentation. S'engager dans de telles conditions aurait été inconscient.

Longtemps, j'ai voulu y croire. J'ai attendu la moindre fenêtre qui aurait pu nous mener au point culminant, mais elle n'est jamais venue déchirer les nuages. À mes yeux, une seule est restée ouverte : celle qui nous disait de rentrer à la maison ! Ce soir, tous les membres de notre équipe sont sains et saufs et seront bientôt auprès de leurs familles. Merci, cher Manaslu, de nous avoir renvoyés chez nous en toute sécurité. »

Dans un premier temps, deux clients américains de CTSS ont contesté la décision imposée par le guide, avant de se rallier à l'approbation des dix autres.

Le Manaslu, c'est le 8000 à faire en automne. En ce mois de septembre 2022, c'est la grosse affluence. La raison principale de ce rush, c'est que de nombreuses compagnies sont revenues tenter l'ascension pour une raison des plus loufoque. L'Himalayan Database, qui enregistre les performances des alpinistes, a décrété qu'en 2021 la plupart des expéditions se sont en fait arrêtées à l'antécime, soit à trente mètres du sommet.

S'attaquer à ces 8 163 mètres n'est pas une promenade de santé, comme certaines agences le laissent croire. Si, techniquement, le Manaslu représente moins de difficultés que d'autres géants du genre, il comprend lui aussi une zone de la mort particulièrement délicate à traverser. Par ailleurs, le massif himalayen fait souvent les frais d'une fin de mousson qui a tendance à s'attarder. Les caprices de la météo s'invitent systématiquement dans les ascensions et la plupart des alpinistes ne sont pas armés pour faire face à de tels déferlements.

Pour des raisons de sécurité, la société CTSS accepte uniquement les clients qui ont une solide expérience, qui ont tous déjà été confrontés à des conditions extrêmes et qui savent qu'à tout moment le leader d'un groupe peut décider d'abandonner une course après en avoir évalué les risques. Qu'importe si chaque candidat a déboursé une petite fortune ! Pour cette saison, les compagnies « haut de gamme » demandaient jusqu'à vingt-cinq mille dollars pour gravir le Manaslu. Le tarif comprend le permis délivré par l'État népalais, la logistique et, surtout, la garantie d'être encadré par suffisamment de sherpas d'altitude et de guides professionnels reconnus à l'international.

En matière de sécurité, Tendi est particulièrement réfléchi : celle-ci doit primer sur la moindre pression des clients. À son grand regret, ce n'est pas la philosophie de certaines autres agences. Un brin provocateur, il explique que, sur ce marché de niche, deux types de compagnies se font concurrence : celles qui sont dirigées par des guides certifiés et celles qui sont gérées par les clients eux-mêmes. Tendi fait référence aux centaines d'enseignes qui se sont développées, ces dix dernières années, avec à leur tête des directeurs dénués de la moindre expérience de la haute montagne. Les patrons, népalais pour la plupart, ont senti le bon filon pour faire de l'argent facile. Sans complexes, ils affichent un petit forfait de cinq mille dollars pour le Manaslu, le permis lui-même coûtant déjà mille huit cents dollars. Autant dire que le personnel est insuffisant et clairement sous-payé. Il faut ajouter à cela que les employés ne connaissent pas grand-chose non plus à l'alpinisme et qu'ils se fient surtout aux directives de leurs clients. Entre le camp de base et le camp I, il pleut presque chaque jour. L'humidité s'infiltre partout. Certaines compagnies ont déjà plié bagage. Dans ce contexte, Tendi a vu des dizaines d'alpinistes déterminés à lancer leur *summit push* alors que la tempête faisait rage et que lui-même s'apprêtait à annoncer à ses clients qu'ils allaient devoir renoncer temporairement à leur rêve de sommet.

Dans son long message sur les réseaux sociaux, il conclut : « À l'heure où j'écris ces lignes, il reste encore beaucoup d'équipes sur le 8000. Je souhaite et prie pour qu'elles puissent réussir leur ascension en toute sécurité ! »

Certains, particulièrement chanceux, ont publié leurs selfies au sommet du huitième plus haut sommet du monde. Mais beaucoup sont rentrés épuisés, souffrants de graves gelures et de pathologies inhérentes à l'altitude. Des alpinistes ont dû être évacués dans leur descente en raison d'un trop grand risque d'avalanches près du camp I.

Superstitieux, Tendi se demande s'il retournera sur le Mànsà[1]. Pour les Sherpas, ce nom signifie « âme » et désigne ce sommet comme la « montagne de l'Esprit ». Le guide a déjà arpenté ses flancs à cinq reprises et atteint son sommet trois fois. Jamais ces ascensions n'ont été faciles. L'an dernier, à la même époque, alors qu'il s'apprêtait à pénétrer dans la zone de la mort avec un client, il a vécu le pire jour de sa vie.

1. Le Manaslu en sanskrit.

3

Le côté sombre du Manaslu

Septembre 2021. Tendi regarde son altimètre. Le cap des 8 000 mètres n'est plus très loin. Il reste 150 mètres de dénivelé à parcourir avant d'atteindre le sommet du Manaslu. Le soleil vient de se lever. Les conditions d'ascension sont parfaites. Mais soudain, son client nord-américain, en pleine forme jusqu'ici, s'assied, prend quelques respirations, puis bascule en arrière. Le guide réalise qu'il se passe quelque chose d'anormal. Il l'attrape par la veste, l'appelle, le secoue. Aucune réponse. Il prend son pouls. Aucun battement. Cheten, le sherpa présent pour le seconder, réajuste immédiatement le masque à oxygène du client. Il augmente l'arrivée d'air, mais rien n'y fait. L'homme est à terre, inconscient.

Sans réfléchir à ce qui l'attend, Tendi entreprend un massage cardiaque. Les températures avoisinent les – 20 °C. Impossible de libérer correctement la poitrine de son compagnon de cordée, emmitouflé dans une énorme doudoune. Une fois calé dans la pente, Tendi enfonce ses paumes dans le thorax de l'alpiniste et tente de maintenir le rythme éreintant de cent pressions par minute. À 8 000 mètres d'altitude, il est humainement impossible de conserver une telle cadence. Après dix longues minutes, épuisé et à bout de souffle, le guide est contraint d'arrêter. Il s'effondre à côté de ce corps inerte, se sentant, pour la première fois de sa vie, abandonné des dieux.

Tendi est alors projeté dans un trou noir. Des images se télescopent : sa femme, Phuru, et ses deux petites filles, Dolma et Dechen, apparaissent de manière désordonnée et brouillent totalement son esprit. Impossible d'y voir clair. Il n'en revient pas ; il ne comprend pas comment, en quelques secondes, tout a basculé.

Rares sont les compagnies d'expéditions à n'avoir jamais été confrontées à un décès en haute altitude. Pour mettre toutes les chances de leur côté, elles consacrent une soixantaine de jours à l'acclimatation durant lesquels le corps humain va augmenter sa production de globules rouges. Le processus métabolique opère relativement bien entre 5 000 et 7 000 mètres. Cependant, chaque alpiniste réagit différemment au froid, au vent et à la rareté de l'oxygène. Dans la grande majorité des décès en altitude, des signes avant-coureurs apparaissent. Les plus fréquents sont la confusion mentale, l'incapacité à marcher, les vomissements et, bien sûr, la fatigue extrême.

Au cours de leurs carrières, Tendi et Mike Hamill ont vu nombre de drames se jouer en haute montagne. Mais jamais auparavant ils n'avaient été confrontés à une telle mort subite. Rien ne présageait du pire, l'homme ne montrant pas le moindre signe de faiblesse jusqu'au moment où il avait succombé. Depuis le début des expéditions commerciales, au milieu des années 1990, près de quatre-vingt-dix alpinistes ont péri sur le Manaslu. Le client de Tendi enrichit à présent cette triste statistique.

Plusieurs minutes ont passé. Cheten fait signe à Tendi qu'il doit se relever et se ressaisir. « Tendi, bouge-toi, bon sang ! On ne peut pas rester là ! On doit immédiatement partir, sinon on va se mettre en danger ! »

Le guide puise dans ses ressources les plus profondes, celles transmises par son professeur, lorsqu'il fréquentait l'école des enfants moines. Le religieux lui avait confié : « Quand le stress t'envahit et que tu es au plus mal, respire et ne pense à rien d'autre qu'à l'esprit du Bouddha ». Tendi prend une longue inspiration à travers son masque à oxygène, puis expire lentement. Pendant ce temps, avec pudeur, Cheten remonte la capuche du défunt, afin de lui couvrir le visage. Puis Tendi, qui a enfin repris ses esprits, fabrique un système de harnais qui va permettre aux deux sherpas de tracter ce corps de quatre-vingt-dix kilos jusqu'au camp inférieur.

Lorsqu'un décès survient dans la zone de la mort, des règles très strictes doivent être respectées. La dépouille doit rester sur place. Les accompagnants préviennent le responsable de l'agence, qui a la lourde tâche d'informer les familles. S'ensuit la négociation avec les assurances du défunt pour savoir dans quelle mesure elles prendront en charge la levée du corps. Car l'évacuation d'une dépouille ne s'improvise pas, à près de 8 000 mètres d'altitude. Les hélicoptères étant incapables de voler aussi haut, cinq ou six sherpas sont ainsi indispensables à la descente du corps et l'évacuation. Ces opérations sont longues, risquées et coûteuses.

Tendi, qui connaît parfaitement ces règles, décide de ne pas les appliquer. Il a vu trop de cadavres abandonnés sur les pentes de l'Everest. Mais transporter un corps inerte dans de telles conditions relève de l'exploit.

Au camp IV, Tenji Sherpa, une star de l'alpinisme, qui fit notamment cordée avec Ueli Steck, renonce à une tentative de record de vitesse pour prêter main-forte à son ami Tendi. Les deux guides, aguerris aux techniques de sauvetage en conditions extrêmes, enroulent le corps dans des sacs de couchage, le déposent sur plusieurs matelas isolants, puis sanglent le tout pour former un brancard de fortune.

Commence alors une interminable descente qui durera treize heures. Dès leur départ, les deux hommes font face à une pente de cinquante degrés. La civière improvisée est difficile à retenir. Tenji se positionne à l'avant, Tendi à l'arrière. Ils la font coulisser le long des cordes fixes à l'aide d'un descendeur. Tous les trente mètres, il faut refaire un relais et fixer à nouveau le système pour descendre le corps. Reste un problème majeur : l'énorme affluence le long de la ligne de vie[1].

La plupart des expéditions ont donné leur coup d'envoi simultanément, en raison d'une fenêtre météo propice à l'assaut final. Lors de chaque croisement, le brancard risque aussi de blesser ceux qui montent. L'erreur n'est pas permise. Les guides doivent redoubler d'efforts pour maîtriser la trajectoire de l'attelage. Lorsqu'ils arrivent à leur hauteur, les alpinistes étrangers restent muets et détournent leur regard. Les Népalais osent quelques questions qui ne trouvent aucune réponse.

Lorsque la pente s'adoucit, Tendi et Tenji changent de méthode, pour se placer côte à côte et tirer la nacelle d'un même élan. À vingt et une heures, dans la nuit et le froid, les tentes éclairées du camp III apparaissent enfin. Exténués, les deux hommes s'effondrent et dorment jusqu'au lever du soleil. Dans la matinée, l'hélicoptère de la compagnie Kailash atterrit, malgré le mauvais

1. Corde fixe placée sur l'itinéraire par les sherpas d'altitude dont s'aident les himalayistes pour progresser.

temps. Tendi hisse le corps de la victime à l'intérieur de l'appareil.

Chaque décès en altitude impose de respecter une procédure unique. La police locale exécute les vérifications d'usage et rédige un certificat. La dépouille est ensuite acheminée à l'hôpital universitaire de Katmandou pour identifier les causes de la mort, puis l'ambassade concernée prend généralement en charge le rapatriement.

De retour chez lui, Tendi avoue à sa femme qu'il n'est plus sûr de vouloir continuer d'exercer la profession de guide. Phuru, à l'écoute, le rassure. Il n'a rien à se reprocher. Khamsu, son père, prie beaucoup pour la mémoire du Nord-Américain et pour que son fils reprenne rapidement confiance en lui et retrouve foi en son métier.

4

Le désert du continent blanc

Tendi pense souvent aux parents de son défunt client. N'y a-t-il rien de pire au monde que de perdre un enfant ? Depuis la récente tragédie, un vague à l'âme prend parfois le dessus sur son éternelle joie de vivre. Le réconfort de sa famille et la méditation l'apaisent progressivement. Son anxiété disparaît aussitôt qu'il récite quelques mantras, mais une certaine réalité le rattrape. Ce tragique accident au Manaslu lui rappelle à quel point le métier qu'il exerce est dangereux. Si un malheur devait lui arriver, sa femme serait dans l'impossibilité financière d'élever leurs deux filles. Mais Phuru n'est pas la seule à compter sur les revenus de Tendi. Chez les Sherpas, le fils aîné se doit de prendre en charge tous les proches dans le besoin. Pour le guide, la liste est longue. Khamsu et Dali, ses parents, n'ont pas de retraite. Une tante âgée restée à Saisima, leur village d'origine, compte uniquement sur son neveu. Nima, son frère cadet qui vit dans un monastère, attend les généreux dons de son aîné. Il aide aussi, ponctuellement, deux cousins qui ne trouvent pas d'emploi.

Un guide de montagne diplômé gagne sa vie correctement, mais uniquement lorsqu'il est en expédition. Au Népal, le chômage technique n'existe pas. D'ailleurs, les premiers mois de la crise sanitaire liée à la pandémie de Covid-19 ont plongé Tendi dans une incertitude particulièrement angoissante. Du jour au lendemain, les touristes ont déserté l'Himalaya et les compagnies étrangères ont plié bagage. Les dépenses de la famille élargie, elles, ont logiquement perduré.

Être confiné chez lui lui a toutefois permis de consacrer du temps à ses filles et d'avoir un œil sur son père, Khamsu, la petite soixantaine, un bon vivant bedonnant. En bon religieux, il officie dans les mariages. Il adore ces cérémonies et surtout les fêtes bien arrosées qui suivent. Certes, Khamsu reste un consommateur occasionnel de boissons alcoolisées, mais il suffit qu'un ami lui propose du raksi[1] pour qu'il en boive sans modération. Tendi, qui déteste l'alcool, doit trouver des parades pour tenir son père à l'écart des tentations.

Le guide se fait également du souci pour sa fille aînée. Depuis le début de la pandémie, l'école semi-privée que fréquente Dolma dispense ses cours en distanciel. Les frais de scolarité, eux, n'ont évidemment pas changé. La qualité du réseau est médiocre et, du haut de ses sept ans, la fillette ne supporte plus ces heures passées face à un écran d'ordinateur. Sans le moindre contact avec ses camarades et ses professeurs, enfermée à la maison, elle est en décrochage scolaire. Elle se plonge des heures durant dans les jeux qu'elle a téléchargés sur le téléphone portable de sa mère. Tendi cherche en vain une solution à cette situation désolante et ce sont des amis suisses qui vont l'aider en lui proposant de financer des cours privés. Depuis la fin de l'été 2021, une jeune enseignante sherpani ayant perdu son emploi en raison de la crise sanitaire aide Dolma à domicile cinq jours par semaine.

1. Boisson alcoolisée à base de riz.

Après une année éprouvante, tant financièrement que mentalement, Tendi retrouve enfin le sourire. Climbing the Seven Summits (CSTT), la société qui l'emploie depuis quatre ans, lui offre l'opportunité de mener une expédition en Antarctique avec deux autres guides, dont Mike Hamill. Avec ses 4 892 mètres, le mont Vinson est en effet l'un des sept sommets les plus hauts de chaque continent que la compagnie propose de faire découvrir à ses clients. Fin décembre 2021, douze aventuriers, américains pour la plupart, s'apprêtent à vivre durant trois semaines dans les conditions les plus difficiles qui soient, sur les traces des grands explorateurs, tel James Cook qui a conquis l'inaccessible. Parmi eux, deux femmes se greffent sur le programme de CSTT. Elles viennent d'atteindre le pôle Sud à ski pulka[1]. Une véritable prouesse qu'elles poursuivent avec l'ascension du mont Vinson.

Pour Mike, l'expérience de Tendi est précieuse. Lui qui a déjà foulé le sommet de l'Everest, s'est dressé sur les cimes de l'Aconcagua en Amérique du Sud, du Kilimandjaro en Afrique, du mont Kosciuszko en Océanie, il est à présent en route pour le mont Vinson. Mike pourrait n'embaucher que des guides nord-américains comme lui – les démarches administratives en seraient incroyablement simplifiées –, mais il privilégie systématiquement la présence de Tendi. Il faut dire que le Népalais est d'une résistance impressionnante. Sa grande expérience de l'altitude lui permet d'affronter les situations les plus rudes. Si de nombreux guides possèdent des qualités techniques équivalentes, peu ont

1. Luge comprenant du matériel, tirée par un skieur à skis de randonnée et utilisée dans les expéditions polaires.

développé cette empathie dont les clients occidentaux ont tant besoin, surtout lorsqu'ils doivent puiser dans leurs dernières ressources.

Ainsi, en ce mois de décembre 2021, tous les signaux sont au vert pour que Tendi rejoigne l'équipe CTSS à l'extrémité sud de la planète. La seule contrainte est qu'il doit passer plus d'une quinzaine de tests Covid, tant son voyage comprend d'escales. Terriblement superstitieux, lui qui craint que l'un d'entre eux ne finisse par être positif passe au travers des mailles du filet. La chance semble lui sourire.

Le long vol de Punta Arenas jusqu'à Union Glacier est propice à la prière. À travers le hublot, une palette de blancs défile durant des heures. Dans l'avion, tout le monde doit s'équiper de vêtements adaptés au grand froid. Soudain apparaît dans cette immensité blanche un rectangle formé par des dizaines de tentes. Le premier contact avec le sol en effraie plus d'un. Le thermomètre affiche ce jour-là – 33 °C. L'escale permet à l'équipe de CSTT de prendre un repas chaud avant d'embarquer dans un DHC-6 Twin Otter, un petit avion qui les emporte jusqu'au camp de base du mont Vinson. Le groupe CTSS a prévu trois guides pour douze aventuriers.

Dans cette région inhospitalière, les expéditions ont lieu uniquement de décembre à janvier, la période la plus chaude de l'année. Chaleur toute relative, puisque les températures sont descendues à – 40 °C lorsque Tendi atteint le sommet du mont Vinson avec un premier groupe le jour de Noël. Il renouvellera l'ascension à deux autres reprises avec un deuxième, puis un troisième groupe.

Du camp de base, situé à 2 100 mètres, au sommet, à 4 892 mètres, la montée dure entre cinq et neuf jours.

Tout dépend évidemment de la capacité des membres de l'expédition à faire face au froid glacial, au vent et au dénivelé. Vue du ciel, une longue colonne se dessine sur la neige immaculée en direction du sommet. Chacun tire un traîneau comprenant le matériel nécessaire à une totale autonomie. Mike peut compter sur la résistance physique de Tendi. Rares sont les guides à être capables d'évoluer durant des heures dans un froid aussi extrême. Son expérience de porteur lui permet d'assumer, durant ces déplacements, des charges avoisinant les trente-cinq kilos.

Isolée comme nulle part ailleurs, l'équipe de l'expédition se soude rapidement. Tendi parvient naturellement à s'adapter aux différentes cultures des clients. Il maîtrise aussi bien l'art du sarcasme britannique que les principaux rites japonais. Ainsi, dans un esprit festif et de communion, le réveillon de Noël prend une tonalité toute particulière au camp de base. De petits cadeaux sont échangés sous un sapin improvisé fait de bâtons de ski. Avec son humour légendaire, le Népalais anime les veillées au clair de soleil, puisque, à cette période, la nuit ne tombe jamais.

Au-delà du défi physique, cette aventure a embarqué chaque membre de l'expédition dans un incroyable voyage intérieur. Avec humilité, Tendi accompagne ses clients dans leur quête initiatique. À sa manière, il s'imprègne de cet environnement hostile qu'il estime toutefois apaisant. Les yeux fermés, dans le vent glacial, le guide entre en méditation dès qu'il en a l'occasion. Depuis sa plus tendre enfance, la prière rythme sa vie. Cette pratique lui permet de renouveler chaque jour sa formidable énergie. Tendi se sent reconnaissant pour toutes ces choses extraordinaires qui lui sont données de vivre. Il se dit souvent qu'au moment où tout s'arrêtera, il n'emportera rien d'autre que le karma qu'il a gagné dans cette vie si richement remplie.

De retour à Katmandou, sa femme et ses filles lui organisent une petite fête. Le bon dal bhat[1] de sa mère lui a terriblement manqué. Il berce sa cadette, Dechen, qui vient d'avoir seize mois, puis passe des heures à jouer à cache-cache avec Dolma. Il prend ensuite son aînée sur ses genoux et lui explique qu'il est un peu déçu de n'avoir pas vu de pingouins. Il aurait tant voulu lui raconter la faune de ce désert blanc, mais aucun animal ne s'est montré durant ces trois semaines passées à l'autre bout du monde. Dolma rit beaucoup lorsque son papa lui apprend que, pour minimiser l'impact de leur expédition, tous les déchets sont ramenés, y compris les déjections humaines, sans quoi ils subsisteraient à tout jamais dans cet environnement gelé si fragile.

Une fois les filles couchées, Phuru écoute avec passion les récits de son mari, qu'elle admire, et elle se réjouit toujours de le retrouver.

1. Plat composé de riz blanc et d'un bol de soupe de lentilles.

5

Rush à l'Everest

Le 22 mai 2019, Nirmal Purja prend une photo qui va faire le tour du monde. Près de trois cents personnes en file indienne sur l'arête sommitale de l'Everest. Un embouteillage en pleine zone de la mort. Un buzz planétaire ! De quoi en laisser plus d'un perplexe. Au cours de cette édition, dix alpinistes perdront la vie, mais le gouvernement népalais rejettera catégoriquement les accusations liées à une quelconque surfréquentation.

Tendi a filmé la même scène au même endroit, vingt-quatre heures après son ami « Nims ». Il faut dire que, cette année-là, les conditions météo sont exécrables. Les fenêtres de beau temps se font rares et, pour parvenir au sommet, les cordées doivent s'élancer toutes en même temps. Depuis quelques années, Tendi remarque que le nombre des *summiters* augmente constamment, tandis que le nombre de jours de beau temps, lui, diminue.

Ne guidant qu'un seul client, le Népalais mise sur une progression rapide. Il s'agit d'Edward Dohring, un neurochirurgien américain de soixante-deux ans qui tente l'aventure pour la seconde fois, ayant dû renoncer, lors de sa première tentative, à quatre cents mètres du sommet, en raison du mauvais temps.

La cordée franchit aisément l'altitude de 8 500 mètres au niveau du Balcon, lorsque devant eux se dresse une interminable colonne à l'arrêt. Combien sont-ils à attendre sans bouger, dans un froid glacial ? Tendi n'en revient pas. Il craint le pire. Aussitôt que le corps n'est plus en mouvement, le ressenti des températures extrêmes augmente. Celui-ci descend parfois jusqu'à – 40 °C et les vents peuvent atteindre cent trente kilomètres par heure. De plus, les réserves d'oxygène n'incluent pas ces longs temps d'arrêt.

Pour Tendi, il est hors de question de « poireauter » dans la zone de la mort. Il demande à Ed s'il se sent en mesure de fournir un effort exceptionnel qui leur permettrait de dépasser cette longue file humaine. Ce dernier acquiesce sans hésiter. Sa confiance en Tendi est totale, lui qui arpente l'Everest depuis maintenant quinze ans. Le guide augmente légèrement l'apport en oxygène de son client. Il sort son piolet et se décroche de la corde fixe sur laquelle tous les alpinistes sont reliés. La cordée se retrouve ainsi indépendante. L'un après l'autre, ils dépassent les alpinistes à l'arrêt sur la corde fixe. Ils parviennent à avancer, tout en veillant à ne pas trop s'éloigner des amarrages. Très mobile, cette stratégie n'est possible que pour un binôme. À une telle altitude, un guide doit constamment veiller sur son client. Il constate que, dans cette file sans fin, ce n'est pas toujours le cas. Plusieurs alpinistes évoluent seuls, sans proche assistance, alors que le responsable d'expédition devrait s'assurer que son client respire correctement à travers le masque à oxygène, qu'il soit suffisamment hydraté, qu'il n'ait pas froid et qu'il garde l'esprit clair. Pour faire des économies, ou proposer des prix cassés, certaines agences peu scrupuleuses acceptent deux clients par sherpa. Une pure folie.

Atteindre le sommet de l'Everest ne s'avère pas le grand moment de bonheur qu'Edward espérait. La partie plane n'est guère plus large que deux tables de ping-pong placées côte à côte. L'Américain est bousculé par une quinzaine de personnes. Chacun joue des coudes afin de trouver le meilleur angle pour faire son selfie. Le chirurgien ressent une émotion partagée, entre la fierté d'avoir accompli l'exploit de sa vie et la peur de la risquer au milieu de cette bousculade absurde. Edward s'assied malgré tout et déroule sa banderole sur laquelle est inscrite « Coucou maman ! Je t'aime ! » Tendi immortalise l'instant. Quelques jours plus tard, la photo en hommage à sa mère fera la une du *Herald Tribune* et se retrouvera en troisième page du *New York Times*.

Peu de temps après avoir amorcé la descente, Tendi et Edward croisent un corps au sol. Il s'agit d'une femme gisant seule. Le médecin constate immédiatement qu'elle n'est plus en vie. La défunte est encore reliée par un mousqueton à la corde fixe. Face à cette scène effroyable, démunis face aux dangers liés à cette altitude, ils n'ont d'autres choix que de l'enjamber et de poursuivre leur descente. Edward a la nausée. Arrivé à Katmandou, il racontera sa tristesse et son écœurement à plusieurs grands médias anglo-saxons.

Moins d'un an plus tard, en mars 2020, la plupart des pays se barricadaient pour limiter la circulation du coronavirus. Le Népal n'y échappe pas. Du jour au lendemain, tout s'arrête. Plus aucune ascension n'est possible, ni à l'Everest ni ailleurs. Le directeur de CTSS parvient toutefois à défrayer la plupart des sherpas qui travaillaient depuis un mois à la préparation d'une expédition prévue. D'habitude si optimiste, Tendi est en fait terrifié, persuadé que la terre entière sera bientôt contaminée.

Après une longue année blanche, le Népal assouplit ses règles de quarantaine et ouvre à nouveau ses frontières. L'effet est immédiat. En avril 2021, le gouvernement délivre quatre cent huit permis d'ascension pour l'Everest. Un record ! Ainsi, plus d'un millier de personnes se retrouvent au camp de base. Aux grimpeurs s'ajoute tout le personnel d'encadrement logistique : les cuisiniers, les équipes médicales, les services météo. Installé à plus de 5 000 mètres, le camp de base est une véritable bulle de civilisation où chaque expédition prend ses quartiers. La tente mess de CTSS se repère de loin. Il s'agit d'une gigantesque tente blanche en forme d'igloo, à l'intérieur de laquelle est aménagée une salle commune tout confort offrant des poufs, des tapis, un baby-foot, une décoration zen et même une musique *lounge* en toile de fond, qui favorise la relaxation.

Les autres agences aménagent également de petits nids douillets pour leurs clients. Des films sont projetés comme au cinéma. On peut pratiquer le yoga ou soulever des haltères. Les douches sont presque chaudes, le Wi-Fi fonctionne de manière satisfaisante. Les produits frais sont acheminés à dos de yaks et par hélicoptère. Les himalayistes peuvent aussi bien apprécier la cuisine japonaise, qu'italienne, indienne, ou avaler un hamburger.

Depuis le milieu des années quatre-vingt-dix, les agences prolifèrent au Népal. Plus de deux cents d'entre elles sont actuellement enregistrées à Katmandou. Prix affichés : jusqu'à cent mille dollars pour une ascension de l'Everest formule VIP. Un « petit vingt mille dollars » pour les agences meilleur marché. Toutes doivent rétrocéder onze mille dollars par personne au gouvernement, correspondant au prix du permis de l'ascension à l'Everest.

Certaines agences acceptent tout type de clients. Nombre d'entre eux sont inexpérimentés et ne possèdent aucune connaissance technique. Souvent, des étrangers abordent la redoutable cascade de glace sans jamais avoir mis de crampons. Pour Tendi, il est difficile de comprendre comment il peut être possible de s'engager dans une telle ascension sans aucune expérience de la haute montagne. En Europe, les 4000 permettent déjà de ressentir les premières sensations liées au manque d'oxygène. Pour se préparer davantage, les prétendants occidentaux peuvent aussi se frotter à des sommets plus élevés, tels que le Kilimandjaro ou l'Aconcagua, voire le Denali. Avant l'Everest, certains alpinistes tentent même le Cho Oyu, un « petit » 8000 himalayen. La compagnie pour laquelle Tendi travaille n'accepte que des clients bien préparés. Garantie supplémentaire : personne ne part pour le Népal sans le feu vert de son médecin.

« Même si on doit m'amputer doigts et orteils, j'arriverai au sommet de l'Everest ! » Au cours de sa carrière, Tendi a entendu trop d'alpinistes tenir ce genre de discours. Face à cette obstination, il encourage ses interlocuteurs à prendre le temps d'apprécier l'extraordinaire beauté de la montagne et de ne pas faire du sommet l'unique motivation. La réponse est souvent la même : « Je ne suis pas là pour faire du tourisme, l'important pour moi, c'est d'arriver en haut. » Lui qui a pour habitude de ne pas juger son prochain essaiera toujours de l'inciter à aborder les choses différemment.

Lors de la saison 2021, alors que la pandémie est toujours active, Tendi supervise l'ascension de huit clients. Chacun grimpera avec un sherpa attitré. Tous les membres du groupe arrivent au camp de base vaccinés et masqués, devant se plier aux tests à répétition. Avant de commencer l'ascension, les météorologues mettent en garde les différentes équipes. Les prédictions annoncent un ciel perturbé durant plusieurs jours. Une fois arrivés au camp IV, à 7 900 mètres, les spécialistes annoncent à Tendi que le vent va se renforcer.

Le guide sort de la tente pour consulter son anémomètre de poche. Celui-ci indique soixante-deux kilomètres par heure. Difficilement gérable à une telle altitude. Du vent, mais aucun nuage. Le bouddhiste porte alors son regard vers le sommet du Chomolungma. Il l'appelle mentalement et lui demande s'il peut continuer l'ascension avec son équipe. Une voix intérieure lui murmure que non, il ne le faut pas ! Être si près du but et devoir renoncer…

Le plus calmement du monde, le guide explique aux huit clients que le sommet n'est pas envisageable dans ces conditions. Les tentes sont violemment secouées. Pour lui, personne ne devrait se trouver dans la zone de la mort face à de telles rafales. Au moment de repartir, Tendi aperçoit des groupes partir pour leur *summit push*. Au total, ils seront plus d'une centaine à s'élancer. Ils reviendront en vie, mais avec de graves gelures. De son côté, aucun client n'a tenu rigueur à Tendi d'avoir stoppé net son rêve. Tous ont parfaitement compris qu'un chef d'expédition doit se sentir libre de mettre un terme à un projet, même d'une telle envergure.

Tendi s'est rendu à plusieurs reprises auprès du ministère du Tourisme pour demander une limitation formelle du nombre de permis accordés. L'Association des guides de montagne népalais, dont il est membre actif, a l'impression de prêcher dans le désert. Sa principale revendication est pourtant sensée : ne délivrer de permis qu'aux étrangers ayant déjà une expérience de la haute montagne. Jusqu'ici, le gouvernement ne s'est jamais emparé de la question. Il se contente d'encaisser la dizaine de milliers de dollars que représente le précieux laissez-passer. Si, en 2019 et 2021, d'interminables files indiennes se sont formées sur le toit du monde, c'est aussi parce que la Chine avait fermé son accès à l'Everest, côté tibétain, en raison de la pandémie. Conséquence de la politique « zéro Covid » prônée depuis le début de la crise sanitaire par Pékin.

Durant la saison 2021, Tendi est resté préoccupé par la menace de contracter le virus, il était surtout inquiet pour ses clients, car respirer en haute altitude est en soi suffisamment difficile. Des quintes de toux, de la fièvre, des courbatures auraient sérieusement compliqué les choses, le moindre « bobo » se transformant rapidement en obstacle. Si le Covid ne s'est pas invité dans leur équipe, il a en revanche frappé une centaine d'alpinistes, au camp de base et au-delà, provoquant un ballet d'hélicoptères permanent lié à l'évacuation des grimpeurs les plus sévèrement atteints.

6
Télénovela

Tendi baisse un instant son masque chirurgical pour prendre la photo : un selfie depuis la classe affaires de Turkish Airlines qu'il poste immédiatement sur les réseaux sociaux. C'est une première, pour lui, de voyager tout confort et cela l'amuse beaucoup. En cherchant un billet Katmandou-Genève, il est tombé sur une offre à prix cassé. Une chance ! Jamais il n'aurait osé réserver un vol hors de prix alors que c'est un autre qui paie. Car, en ce mois d'août 2021, Tendi est l'invité d'honneur du Festival international du film alpin des Diablerets (FIFAD) en Suisse.

Son grand ami Nicolas Bossard vient le récupérer à l'aéroport de Genève. Ils se sont rencontrés lors de la traversée à pied de l'Himalaya que Nicolas a effectuée en 2012 en solitaire. Un véritable exploit !

Le look baroudeur, une barbe naissante et des lunettes de soleil greffées sur la tête, le trentenaire est ravi de retrouver son partenaire d'expédition. Les deux hommes ont surtout collaboré au moment où Tendi a lancé sa propre compagnie, TAGnepal, avec trois autres Népalais. Nicolas lui avait trouvé quelques clients européens.

En arrivant à Montreux, Tendi révèle à Nicolas qu'il n'est encore jamais monté sur un bateau. Les deux amis sautent dans le navire à vapeur *La Suisse* pour une petite croisière improvisée entre le château de Chillon et Vevey. Cela faisait longtemps que le Népalais n'avait plus joué au touriste. La montée vers la station des Diablerets est sinueuse et la belle route de montagne lui donne la nausée, lui qui a pourtant l'habitude des « routes de l'impossible » au Népal.

Tendi est reçu avec admiration et respect dans le village vaudois. Le soir de la projection de *Télénovela à l'Everest*, le documentaire réalisé par Nicolas, la salle est comble. En tenue décontractée, casquettes vissées sur la tête, les deux amis montent sur scène. Le guide lance un chaleureux « Namasté » à son audience en offrant à chaque personne présente la sensation que son bonjour en népalais lui est personnellement adressé. Interrogé sur son palmarès, Tendi répond dans un français fluide : « J'ai fait pas mal d'expéditions à l'Everest, mais je ne suis allé que treize fois au sommet. » Son auditoire éclate de rire. « Au printemps prochain, j'en comptabiliserai peut-être quatorze. Sinon, j'ai gravi deux fois le Cho Oyu, trois fois le Manaslu, une fois le Lhotse et deux fois l'Ama Dablam. Juste un peu moins haut, je suis allé sept fois à l'Aconcagua et à deux reprises au Kilimandjaro. J'aime aussi les montagnes suisses. Avec Nicolas, on envisage de faire le Cervin en fin de semaine ! »

Le réalisateur expose alors la genèse de son film. Connaissant les aptitudes physiques de Nicolas, en 2016, Tendi lui propose de filmer l'un de ses clients lors de sa prochaine ascension de l'Everest par le versant tibétain. Pour la première fois de sa carrière, le guide dirigeait une expédition sans la moindre implication d'une agence étrangère. Du 100 % *made in Nepal*. Le caméraman enchaîne en expliquant que, pour Tendi, la pression était énorme. Il n'avait pas le droit à l'erreur ! Le Népalais tenait le rôle de chef d'expédition, de sherpa d'altitude, de sirdar, de responsable matériel, tout en jonglant constamment avec les budgets, ce qui lui a valu d'engager de grosses sommes d'argent pour acheter tentes, équipements, masques à oxygène et de nombreuses bonbonnes. « Comme toujours, Tendi s'en est sorti à merveille ! » lance le réalisateur, en terminant sa phrase par une grande tape dans le dos du Népalais, le propulsant sur le devant de la scène.

Le groupe de clients de l'expédition à laquelle Nicolas allait participer comprenait deux Malaisiens, une Canadienne, un Mexicain et quatre Argentins. Parmi ces derniers : Facundo Arana, une star de série télévisée. La célébrité de Facundo n'a jamais atteint les rives de l'Europe. Ainsi, avant de quitter la Suisse, Nicolas avait tapé son nom sur Google et l'avait découvert dans une scène où l'acteur embrasse langoureusement une jeune femme dans une séquence filmée au ralenti. Selon Wikipédia, le comédien approche la cinquantaine, il dessine et joue du saxophone. Aucun commentaire, en revanche, sur de quelconques aventures en haute montagne.

Sous la tente du festival, les lumières s'éteignent. Sur l'écran encore noir, on entend le souffle d'une respiration soutenue à travers un masque à oxygène. L'image en très haute définition révèle Tendi et Facundo Arana évoluant à quelques centaines de mètres du sommet. L'acteur baisse son masque pour s'adresser à la caméra et il remercie son guide de lui avoir permis d'accomplir le rêve de sa vie. Le film retrace le parcours de l'Argentin sur la mythique montagne. De Lhassa, l'acclimatation aura duré une quarantaine de jours. En raison d'un emploi du temps chargé, Facundo n'a consacré que peu de temps à l'entraînement, mais il reste convaincu que sa force mentale lui permettra d'atteindre le sommet. Pour lui, l'Everest représente plus qu'un défi, c'est une nécessité, un vieux compte à régler avec lui-même. En l'interviewant, Nicolas se dit que cette frénésie du sommet n'est pas la sienne. Au camp de base, le Suisse rappelle à l'acteur qu'il ne risquera pas sa vie pour tourner quelques images de lui sur le toit du monde. La vedette ne dit mot, mais opine du chef.

Facundo est constamment branché à l'oxygène, une fois l'altitude de 7 000 mètres atteinte. Tendi passe beaucoup de temps à l'encourager. Il le félicite d'être arrivé au dernier camp avant la nuit, même si son rythme de progression commence à l'inquiéter. L'Argentin rassure les membres de l'expédition ; il se sent en grande forme et propose lui-même de partir deux heures avant les autres lors du *summit push*.

Le 20 mai 2016 à vingt heures, Tendi s'encorde avec Facundo et met le cap sur le sommet de l'Everest. Nicolas rassemble son matériel, mais, très vite, il s'aperçoit que les sherpas ont oublié de lui réserver un thermos d'eau et, plus grave, des bonbonnes à oxygène. Tous devaient être trop affairés avec l'équipement de leur client. Il sort de sa tente et aperçoit Pasang, le beau-frère de Tendi, sur le départ avec sa cliente. Il lui demande une réserve d'eau, mais le guide lui répond, gêné, que ça les mettrait trop en retard de sortir son réchaud à gaz pour faire fondre de la neige. Pasang lui tend alors sa propre gourde. Nicolas la refuse. Il devra se contenter d'un seul litre pour les prochaines vingt-quatre heures. Pasang trouve une bouteille d'oxygène de réserve et la lui apporte. À vingt-deux heures, sans se laisser décourager, le Suisse de trente-six ans part seul, dans le noir, chargé comme une mule, son unique guide étant la corde fixe de plusieurs kilomètres, ancrée au sommet, à 8 848 mètres.

Nicolas a deux heures de marge pour rattraper Tendi et Facundo. Il les dépasse avant le lever du jour, puis les attend, cent mètres plus haut, pour capturer une magnifique image de leur montée dans des couleurs de feu. L'évolution extrêmement lente de l'Argentin contraint Nicolas à les attendre à plusieurs reprises le long de l'itinéraire. 8 000 mètres passés, la zone de la mort impose de rester en mouvement face aux risques élevés d'hypothermie. Enfin arrivés à la hauteur du caméraman, les hommes cherchent à communiquer, mais les masques sur leurs visages les en empêchent. Le réalisateur leur fait signe d'aller plus vite, sinon il ne pourra pas les filmer sur le plus haut sommet de la planète. Facundo tente d'accélérer, plus motivé que jamais. Nicolas poursuit son ascension, nettement plus rapide que la cordée. Sans prendre conscience de son propre exploit, le jeune homme atteint le sommet de l'Everest à dix heures trente du matin.

Le Suisse sort sa caméra et tourne quelques plans de l'arrivée des premières cordées de l'équipe : un des Malaisiens et une Canadienne, guidés par leurs sherpas. Nicolas attend encore un peu. Apparaît ensuite le Mexicain, mais Facundo n'est toujours pas en vue. Cela fait déjà une demi-heure qu'il est sur place. Il est onze heures du matin. Tendi avait pourtant été clair : hors de question d'atteindre le sommet après dix heures. Le réalisateur n'a plus qu'une seule préoccupation en tête : redescendre au plus vite, sous peine de manquer d'oxygène. Il n'a dans son sac qu'une seule bonbonne de réserve. Pour lui, l'image d'un acteur au sommet ne vaut pas le prix de sa vie. Sans le moindre état d'âme, il se remet donc en route. En contrebas, sur l'arête nord, il croise enfin Tendi et Facundo. L'Argentin lui fait signe de le filmer et s'adresse à la caméra : « Regardez où Tendi est parvenu à me mener. C'est un ami pour la vie ! »

Il est étrange pour Nicolas d'enregistrer une interview à 8 800 mètres d'altitude alors que chaque seconde est comptée. Facundo ne semble pas réaliser que, pour capturer ces instants, le réalisateur puise dans ses dernières réserves. Pour gagner du temps, Tendi exécute pour l'Argentin des gestes que le client devrait réaliser lui-même. Tous les vingt mètres, le guide décroche le mousqueton qui retient Facundo à la corde fixe pour aller le placer au-delà des ancrages de sécurité successifs mis en place par les sherpas d'altitude. Ils finiront par atteindre le sommet à onze heures trente. L'acteur est épuisé. Tendi s'adresse à lui calmement, sans dramatiser : « Facu, on ne peut pas rester ici. Si on reste, on meurt. »

Durant sa descente, Nicolas tombe sur plusieurs cadavres figés dans la glace. Ces rencontres macabres font office d'électrochocs et lui rappellent où il se trouve. Onze heures après son départ, il arrive au camp de base avancé à 6 450 mètres. 2 400 mètres de dénivelé négatif avalés en un temps record.

Le Suisse est de plus en plus inquiet. Tendi, Facundo, ainsi que le reste du groupe se trouvent toujours dans la zone de la mort. Arrivés trop tard au sommet, ils n'ont eu d'autre choix que de passer une nuit supplémentaire à 8 300 mètres. Après quelques heures d'un repos tout relatif, Tendi sort de la tente et observe la vallée. Le ciel est clair, le soleil brille et une légère brise caresse son visage. Il secoue ses clients, sentant que la météo va se dégrader, et impose un départ immédiat. Quelques heures plus tard, alors qu'ils sont à l'abri au camp III, mille mètres plus bas, ils sont secoués par de grosses rafales de vent et échappent au pire. Facundo ne manque pas de féliciter la remarquable prévoyance de Tendi. Ils n'auraient vraisemblablement pas survécu s'ils étaient restés plus haut.

Après soixante heures interminables, les retardataires rejoignent enfin les autres membres de l'expédition au camp de base avancé. L'acteur est au bord de l'épuisement et avoue avoir totalement sous-estimé l'épreuve physique d'une telle ascension. Pour Nicolas, cette réussite tient du miracle ; la moitié du groupe n'avait clairement pas les capacités de gravir l'Everest. Tendi, lui, est soulagé : tous les membres de l'équipe sont sains et saufs avec, en prime, la gloire du sommet, mais ce sentiment est nuancé par les grosses frayeurs qu'il a éprouvées.

7

Sur les traces de Sir Edmund Hillary

Enfant, Tendi a toujours entendu de magnifiques histoires sur Sir Edmund Hillary et Tenzing Norgay. Il écoutait son père lui raconter durant des heures tous les détails de la première ascension de l'Everest. Le 27 octobre 1993, Khamsu prend son fils par la main, se dirige vers le coin du feu et lui dit : « Tendi, aujourd'hui, tu fêtes tes dix ans ! Mon cadeau d'anniversaire, c'est un récit. Je pense que tu vas l'aimer et t'en rappeler toute ta vie. » Bien installé, le garçon ouvre grand ses oreilles. « Trente ans avant que tu naisses, un alpiniste néo-zélandais et un Sherpa, comme nous, ont atteint le sommet du Chomolungma. Moi-même, je n'étais pas encore né ! »

Khamsu décrit l'énorme convoi qui quitte Katmandou début mars 1953. Sept tonnes de matériel sont acheminées au pied de l'Everest par trois cent cinquante porteurs. Plusieurs pays avaient déjà organisé des expéditions en vue de conquérir ce sommet. Chaque fois, les alpinistes avaient dû renoncer, parfois à quelques mètres du but. Cette année-là, les Britanniques tentent à nouveau leur chance. Quelques grimpeurs néo-zélandais aguerris, dont un certain Edmund Hillary, les accompagnent.

Le jeune Tendi s'intéresse à tous les détails de l'expédition. Son père lui raconte le rôle de chacun aux différents campements. Il lui parle des paliers d'acclimatation, indispensables à tous. Il lui explique la difficulté de tracer des itinéraires au cœur de la dangereuse cascade de glace du Khumbu. « Imagine ! Une trentaine de sherpas franchissant d'énormes crevasses avec une vingtaine de kilos sur le dos chacun ! Ils devaient se mettre à quatre pattes sur des échelles en bois et parfois en métal. Leur sécurité était assurée uniquement par une corde nouée à leur taille. Leurs crampons manquaient d'efficacité, car les lanières en cuir n'étaient pas toujours bien sanglées. Ils devaient aussi gérer le froid avec des vêtements pas franchement adaptés. »

Les sherpas établissent au fur et à mesure les camps d'altitude pour permettre aux Occidentaux de se lancer à l'assaut du sommet. Le 26 mai, le tandem britannique Evans-Bourdillon échoue à quatre-vingt-dix mètres du but. Leur système d'oxygène défectueux les oblige à rebrousser chemin. La dernière équipe de l'expédition à pouvoir tenter l'ultime ascension sera celle du Néo-Zélandais Edmund Hillary et du Népalais Tenzing Norgay.

Ce 29 mai 1953, le temps est idéal. Le soleil brille. Il fait environ – 30 °C, mais l'absence de vent permet à la cordée de progresser rapidement. Khamsu explique à son fils que, en apercevant le sommet, le Néo-Zélandais fait signe à son compagnon de venir à ses côtés afin que tous deux puissent assumer et célébrer cet exploit ensemble. Ce signe d'humilité les liera à tout jamais. À 8 848 mètres, Hillary prend une photo du Sherpa. Le cliché restera dans l'histoire. Tenzing Norgay pose avec son piolet à la main, sur lequel flottent quatre drapeaux :

le népalais, l'Union Jack, celui des Nations unies et celui de l'Inde.

Les deux hommes ne sont pas restés bien longtemps à cette altitude. Juste le temps pour Tenzing de déposer quelques offrandes aux divinités : une barre de chocolat, des bonbons et des biscuits. Edmund, quant à lui, enlève un instant son masque à oxygène et dépose un petit crucifix qu'il recouvre ensuite de neige, à la demande de John Hunt, le chef britannique de cette expédition à l'Everest. À la descente, les deux hommes arrivent à la hauteur de George Lowe, le compatriote d'Edmund Hillary, qui les attend au col Sud :

« Ed, how did you go up there ?[1]

– Well, George, we knocked the bastard off ![2] »

Tendi, qui ne s'attendait pas à ce que son père emploie un mot vulgaire, éclate de rire. Khamsu poursuit en lui expliquant que les Sherpas considèrent Sir Edmund Hillary comme leur parrain, car l'homme a fait preuve d'une formidable bienveillance envers leur communauté. Du haut de ses dix ans, l'enfant prend conscience de la grandeur d'âme de son héros qui, par la suite, a permis de construire nombre d'écoles et d'hôpitaux dans les vallées népalaises. Malheureusement, Sir Edmund Hillary est décédé avant que Tendi ne puisse le rencontrer. Dès lors, il a toujours rêvé de faire connaissance avec ses descendants.

En 2018, Tendi croisera enfin le chemin de son fils, Peter Hillary, dans la vallée du Khumbu. Le Néo-Zélandais a déjà gravi deux fois l'Everest. En 1990, lorsqu'il est devenu le premier fils d'un « pionnier » à

1. « Ed, comment ça s'est passé là-haut ? »
2. « Eh bien George, on l'a eu, ce salaud ! »

atteindre le mythique sommet, et en 2002, avec Jamling, le fils de Tenzing Norgay.

Peter informe Tendi qu'il s'apprête à tourner dans une méga production nord-américaine ayant pour sujet la troisième génération des Hillary. L'idée du réalisateur est de montrer au grand public l'évolution des techniques d'escalade depuis 1953 et de rendre compte de l'évolution des relations entre les sherpas et les Occidentaux. Un honneur immense est fait à Tendi : il est choisi pour incarner le rôle de Tenzing Norgay. Le jeune Sherpa n'en revient pas ; il tournera aux côtés des deux petits-fils d'Edmund Hillary qui évolueront sur les traces de leur grand-père.

Le projet démarre en octobre 2019, dans la vallée du Khumbu. L'équipe de production comprend une dizaine de personnes. Les premières scènes sont tournées avec des enfants moines étudiant les textes sacrés tibétains.

Alexander et son frère George ont une vingtaine d'années. Le courant passe immédiatement entre ces jeunes gens et Tendi. Pour les besoins du film, mais aussi pour des raisons d'acclimatation, il est convenu de commencer par gravir le Lobuche, avant d'enchaîner avec l'Ama Dablam. Le tournage prend énormément de temps ; les scènes se répètent jusqu'à dix fois pour obtenir les meilleures images. Chaque jour, les deux frères renforcent leur lien d'amitié avec Tendi. George avoue qu'il aurait rêvé que son grand-père partage davantage avec lui cette première ascension historique sur le toit du monde. « J'avais seize ans quand Ed est décédé. Je me souviens encore de son généreux sourire. C'était un grand-père aimant. Il préférait nettement s'intéresser aux autres plutôt que de raconter ses "vieilles histoires" d'ascensions. Il était bien plus fier de ce qu'il avait entrepris auprès des Sherpas plutôt que d'évoquer sa gloire d'explorateur. » Alexander regrette également de ne pas l'avoir suffisamment questionné. Il garde en revanche de merveilleux souvenirs de parties de cache-cache et de construction de cabanes dans les arbres. À cette époque, Ed était un grand-père comme les autres.

Tendi aussi se livre à eux. Il leur raconte son enfance dans la région reculée du Khembalung, puis sa longue formation pour devenir guide de montagne. Les deux frères admirent l'incroyable volonté de ce Sherpa qui était pourtant destiné à la vie monastique, lui qui a été enfant moine durant cinq ans.

L'ascension du Lobuche, qui s'élève à 6 145 mètres, ne présente pas de difficultés majeures. Alexander et George ont plusieurs expéditions à leur actif : Kilimandjaro, Elbrouz, mont Blanc et, comme leur père, ils ont exploré l'Antarctique. Les trois enfants de Peter ont toujours grimpé avec lui. Un peu moins aventurière, Lily, sa fille, l'a toutefois accompagné au camp de base de l'Everest, deux ans auparavant.

Afin de multiplier les plans, l'équipe de tournage demande aux alpinistes d'atteindre le sommet du Lobuche à deux reprises. Un drone leur tourne autour, capturant des images spectaculaires. Le froid et le vent se manifestent au camp III alors que les grimpeurs doivent attendre la prochaine prise de vue. Tendi commence à sautiller et entame un chant tibétain. Les deux frères apprennent rapidement le refrain et sautent de plus en plus haut. De loin, les trois amis semblent danser sur du hard rock. Les voilà réchauffés. L'attente paraît ainsi nettement moins longue.

Le film met en exergue la longue préparation nécessaire avant d'affronter l'Everest. Ainsi, les prises de vues se poursuivent sur l'Ama Dablam qui culmine à près de 7 000 mètres. Tendi vénère ce sommet qu'il a gravi en solitaire après sa toute première ascension de l'Everest. Lorsqu'ils atteignent la cime, Tendi prend les deux frères dans ses bras, empli de fierté d'être accompagné par les dignes descendants de Sir Edmund Hillary. George lui révèle avec un large sourire qu'ils sont les premiers membres de la famille Hillary à gravir cette montagne. Leur grand-père avait dirigé la première ascension de l'Ama Dablam en 1961 sans avoir jamais pu atteindre le sommet. Alexander ajoute : « Notre père, lui, a tenté, en 1979, l'une des ascensions les plus audacieuses de l'époque en remontant la face ouest verticale. Malheureusement, à 6 300 m, une avalanche de glace a mis fin à sa tentative. Autant dire que c'est un miraculé. » Le grand-père de ses nouveaux amis a ouvert une voie qui a permis à Tendi d'être celui qu'il est aujourd'hui. Sir Edmund Hillary a largement participé à rendre accessible l'alpinisme à toute une génération de Sherpas. En y pensant, Tendi se sent submergé par l'émotion. Il est heureux que George et Alexander entretiennent cette même éthique. La première partie du tournage s'achève après quarante-cinq jours de trekking, d'escalade, d'ascensions, d'interviews et surtout de partages.

L'année suivante, le réalisateur ambitionne de filmer George, Alexander et Tendi dans leur ascension de l'Everest pour une sortie prévue à l'occasion des soixante-dix ans de l'exploit de leur grand-père aux côtés de Tenzing Norgay, c'est-à-dire le 29 mai 2023. Ce beau projet sera malheureusement abandonné en raison de la pandémie de Covid-19.

8

Une pyramide parfaite

La Suisse, c'est un peu sa deuxième maison. Tendi dépose régulièrement ses valises dans le canton du Valais. Il loge le plus souvent chez Armand, un vieux montagnard qu'il considère comme son propre père. En retour, Armand aime ce jeune homme autant que ses trois enfants. Leurs routes se sont croisées pour la première fois en 1998, lors d'un trek que le Suisse a effectué au Népal. Le destin de Tendi n'aurait sans doute pas été tout à fait le même sans cette rencontre. Alors que le jeune Népalais n'était qu'un adolescent, Armand l'a soutenu et encouragé dans son rêve de devenir guide. Il lui a offert de magnifiques opportunités de prouver sa motivation et ses compétences malgré son jeune âge. Il lui a appris le français et il l'a aidé à financer une grande partie de sa formation. Depuis bientôt un quart de siècle, une belle histoire lie les deux familles.

Ainsi, chaque fois que Tendi se rend en Suisse, il essaie de passer un maximum de temps avec celui que les Népalais appellent Saouji, sans pour autant décliner les nombreuses invitations qu'il reçoit. Comme il ne possède pas d'agenda, il télescope souvent ses rendez-vous. Quoi qu'il en soit, Tendi ne sait pas dire non. Il en résulte des situations pour le moins cocasses.

Un soir, les amis chez lesquels il séjourne réunissent d'anciens clients trekkeurs. Alors que tout ce petit monde prend l'apéritif, on sonne à la porte. Une charmante jeune femme demande si Tendi est prêt. Comme convenu, elle a organisé un cocktail dînatoire pour que des connaissances de Tendi puissent le revoir. Affichant un sourire un peu gêné, le Népalais part finalement avec elle, laissant une grande tablée sans le héros de la soirée.

Tendi profite d'être en Valais pour pratiquer la méditation avec son ami Nicolas Schneiter. Les deux hommes se sont connus alors que le Népalais guidait son premier trek dans sa vallée d'origine. Tendi appelle Nicolas « Lama », un gentil surnom tant il a été surpris qu'un Occidental pratique la même voie spirituelle que les Sherpas. Depuis maintenant dix-neuf ans, Nicolas poursuit ce chemin, ayant reçu la plupart des enseignements bouddhistes. Le crâne rasé de près et un sourire d'une rare générosité incarnent toute sa gentillesse. Ce mercredi, Tendi le retrouve devant son chalet. Sur la terrasse flotte un drapeau népalais. Après avoir admiré les 4000 qui s'élèvent devant eux, les deux hommes pénètrent à l'intérieur de l'habitation et se positionnent en tailleur sur des tapis de yoga. Les deux mains collées et placées devant la poitrine, ils se saluent et entament le rituel du Bouddha de l'amour et de la compassion. Nicolas s'empare du livre de prières dédié à Tchenrézi. Le Suisse mène cette méditation qui commence par la prise de refuge. Les yeux fermés et les mains jointes, leurs corps font de petits va-et-vient d'avant en arrière. Cette première récitation leur permet de se relier à leur nature profonde. Devant eux est posé un petit fascicule rédigé en sanskrit. Les paroles sont retranscrites phonétiquement et traduites en français.

Pen tchir/sang gyé/droup par sho
(Puissé-je réaliser l'éveil pour le bien de tous les êtres vivants.)

Tendi enchaîne avec les « quatre incommensurables » : une prière dédiée à l'amour inconditionnel, à la compassion, à la joie et à l'équanimité[1]. C'est le moment de formuler des souhaits en vue d'atteindre le bonheur et ainsi se libérer des souffrances et de leurs causes. Tendi visualise son père à sa droite et sa mère à sa gauche. Il imagine tous les gens qu'il aime, mais également ceux qu'il apprécie moins, ou qui l'ont fait souffrir. Il maîtrise moins la philosophie que Nicolas, mais il connaît les textes sacrés. Lors de ses trop rares sessions de méditation avec Tendi, Nicolas se sent en parfaite adéquation avec ce frère de cœur. Ensemble, ils partagent la même quête de la voie intérieure. Après différentes formules et souhaits bienveillants, ils récitent le fameux mantra « Om mani padme hum[2] ». Ils égrainent leur mala, ce petit bracelet aux cent huit perles qui aide à réciter et compter les mantras, et ils prient pour libérer tous les êtres de leur souffrance.

Plus d'une heure et demie s'est écoulée. Tendi rallume son téléphone portable. Quatre appels en absence. Autant de messages WhatsApp. Tous sont des invitations à venir partager une raclette ou un verre de l'amitié. Un peu dépassé, il sait qu'il ne parviendra pas à toutes les honorer avant son départ pour Katmandou. Il déteste décevoir les gens. Lama lui conseille de téléphoner à Saouji. Son mentor lui propose de réunir tous

1. Qualité de celui qui garde la même constance, quelle que soit la situation.
2. Mantra fondamental du bouddhisme tibétain.

ses amis valaisans au même endroit et en même temps. La soirée a lieu trois jours plus tard sur la terrasse d'un musée dans un petit village de montagne. Tendi arrive directement du festival des Diablerets avec Nicolas Bossard, le réalisateur du documentaire *Télénovela à l'Everest* pour lequel ils viennent de recevoir le prix du public. Il est dix-sept heures trente lorsque la soirée commence. Une cinquantaine de personnes sont présentes. Tendi est flatté par tant d'égards et essaie d'accorder le temps nécessaire à chacun. La soirée est aussi l'occasion pour Tendi et Saouji de faire un bilan des derniers travaux entrepris par leur association, Nepalko Sathi. Dans l'assemblée se trouvent une majorité de donateurs. Armand, Tendi et Khamsu ont fondé cette ONG au début des années 2000. Il s'agit d'une organisation non gouvernementale qui vise à améliorer les conditions de vie des régions pauvres et reculées du Népal. Sur le coup des dix-neuf heures, Nicolas et Tendi saluent les derniers participants et tracent la route jusqu'à Zermatt. Deux heures plus tard, ils sortent deux vélos électriques du van et, en pleine nuit, ils attaquent une montée vertigineuse à travers la forêt, se perdent et font des détours. Lorsque le chemin ne leur permet plus de poursuivre à la force des mollets, ils continuent à pied. Vers minuit, ils parviennent enfin à proximité de la cabane du Hörnli. Celle-ci trône dans la partie inférieure du Cervin, cette mythique montagne en forme de pyramide, connue dans le monde entier, notamment grâce au chocolat Toblerone.

Tendi et Nicolas installent leurs sacs de couchage sur un rocher. Entourés de neige fraîche et dans un froid glacial, ils somnolent quelques heures. Le départ est donné à quatre heures du matin, juste après celui des guides zermattois et de leurs clients. La tradition veut que ceux-ci aient la priorité sur la voie d'accès et personne n'oserait la leur brûler. Le mois d'août est généralement une période de grosse affluence sur le 4000, mais, ce jour-là, seuls une dizaine d'alpinistes se lancent à l'assaut du sommet. Les précipitations du printemps maintiennent une couche de neige et de glace sur l'itinéraire habituellement sec en été. C'est notamment pour cette raison que les grimpeurs sont moins nombreux en cette saison. Les prévisions météorologiques annonçaient pourtant beau temps, mais un orage tenace obscurcit le sommet.

À la seule lueur de leur lampe frontale, Tendi et Nicolas sautent de rocher en rocher, veillant à ne pas provoquer de chutes de pierres qui pourraient gravement blesser les alpinistes qu'ils viennent de dépasser. Malgré les conditions difficiles, ils progressent rapidement. Devant eux, au bout des cordes fixes vissées dans la roche, un couple évolue trop lentement. Il est déjà 10 h 30. Le brouillard s'épaissit, le vent se met à souffler par rafales. Le sommet n'est qu'à une centaine de mètres. Conscients du danger, les deux himalayistes rebroussent chemin, sans la moindre hésitation. Tomber dans ce secteur ne pardonne pas. Chaque année, une dizaine de personnes perdent la vie sur les pentes du Cervin. En été, la compagnie locale d'hélicoptères multiplie les rotations pour secourir des alpinistes ou, pire, pour évacuer des morts. Lors de la descente, Tendi et Nicolas assistent à un accident. La femme qui avançait difficilement avec son compagnon a soudainement glissé. C'est bien son hurlement qu'ils ont entendu un peu plus tôt. Par miracle, l'homme est parvenu à la retenir, mais, blessée, elle sera finalement secourue par les airs.

En fin d'après-midi, les deux hommes atteignent le refuge où, affamés, ils dévorent une copieuse tarte aux myrtilles. Les clients et le gardien, fascinés par les nombreux exploits de Tendi à l'Everest, lui posent mille questions. Le Népalais maîtrise l'art du récit. Il s'excuse de ne pas parler le haut valaisan et jongle durant plus d'une heure entre le français et l'anglais. Nicolas lui fait remarquer qu'il se fait tard, d'autant qu'ils ont encore de la route. Les deux amis récupèrent enfin leurs vélos électriques et rejoignent le van en début de soirée.

9

Premiers pas sur le toit du monde

En ce début d'année 2003, Tendi a bientôt vingt ans. Il se trouve enfin sur l'Everest, depuis le temps qu'il rêve d'en arpenter les flancs. Sa mission sera non pas d'accompagner des clients au sommet, mais de faire le grand ménage. La plus haute montagne du monde est jonchée de détritus, abandonnés par les expéditions antérieures. Déjà au camp de base, le terrain est un vrai dépotoir. Boîtes de conserve, bouteilles en plastique, crampons cassés, piquets de tente, bouteilles de gaz et d'oxygène s'amoncellent un peu partout. La situation est identique en altitude.

Ce sont les prémices d'une certaine prise de conscience écologique. Tendi éprouve un grand respect vis-à-vis de l'environnement qui l'entoure. Pour le jeune Sherpa, c'est l'espoir de faire enfin partie du cercle très fermé des travailleurs de l'Everest. Cette mission n'est pas sans danger, mais il en mesure les risques et il croit avoir les compétences nécessaires. Arrivé au col Sud, à 7 900 mètres, il se rend compte que jamais auparavant il n'avait atteint une telle altitude. Son souffle, lent et profond, a une régularité qui le surprend. Chaque volontaire étant chargé d'un sac de montagne d'une capacité de 100 litres rempli de déchets, les allers-retours entre le camp de base et les camps d'altitude se multiplient.

Le projet est porté par Ken Noguchi, un alpiniste japonais de renom, accompagné de vingt-six sherpas. À la satisfaction générale, les équipes rapportent plus de deux tonnes de détritus, dont cent cinquante bouteilles d'oxygène vides. Tendi est enchanté de pouvoir vivre une telle expérience. Comme ses amis sherpas, il est payé en fonction des charges qu'il porte. Avec la fougue de sa jeunesse, il se sent prêt à accepter n'importe quelle fonction sur le toit du monde.

La deuxième rencontre de Tendi avec l'Everest a lieu du côté tibétain. L'ascension y est moins dangereuse que sur le versant népalais. En revanche, elle est plus technique. Il n'est toujours pas prévu que Tendi atteigne le sommet. D'ailleurs, son père lui a expressément demandé de ne pas franchir les 8 300 mètres, en raison de son jeune âge et de son manque d'expérience. Le hasard en décidera autrement.

Un Sherpa *summiter* qui a pour mission d'assister un client jusqu'au sommet de l'Everest vient de tomber malade. Il est impératif de le remplacer. Le leader de l'expédition demande à Tendi de le suppléer au pied levé. Accepter signifierait pour lui de ne pas respecter la requête de son père. Toutefois, il lui est impossible de dire non à cet employeur. Il accepte donc de prendre en charge un client dont il ne sait strictement rien. Pourtant, dans la fameuse zone de la mort, un tandem doit impérativement fonctionner. À quarante-cinq ans, Petko Totev est un ancien champion de ski bulgare qui tient une forme olympique. Malgré la fatigue et le froid, ils échangent quelques mots sous leur tente du camp IV, à 8 300 mètres. Après avoir somnolé une heure ou deux, ils prennent un dernier vrai repas : des spaghettis à la bolognaise lyophilisés.

Tendi applique précieusement les recommandations de son père : « Tu dois t'occuper des clients comme s'il s'agissait d'enfants. Quand ils sont épuisés, ils oublient de boire et de manger. » Il est vingt-deux heures lorsque Tendi donne le départ. Le sherpa se fie avant tout à la corde fixe, car il n'est jamais parvenu aussi haut sur l'itinéraire. La nuit est claire, sans vent. Son compagnon montre des signes de grande fatigue. Tendi lui donne de l'eau chaude et du jus de fruits. La montée est éprouvante pour le jeune Népalais qui doit porter, outre ses affaires personnelles, cinq bouteilles d'oxygène. Alors qu'ils ont l'impression d'être seuls au monde, une nervosité qui ne lui ressemble pas s'installe. Soudain, le halo de sa lampe frontale met en lumière une scène dramatique : un cadavre, figé dans le sol gelé. Ses amis *summiters* l'avaient prévenu. Chaque année, des hommes et des femmes perdent leur vie pour un rêve qui restera inaccompli. Son estomac se noue brutalement. Il vomit de la bille, s'essuie du revers de son énorme doudoune. Un pas supplémentaire replonge le cadavre dans la nuit profonde. Petko ne dit rien ; il ne l'a sans doute pas aperçu. Tendi se demande à quoi tient la vie. Honteux, il se rappelle qu'il a trahi la volonté de ses parents. Il s'en veut de leur avoir désobéi.

Au lever du jour, son client appréhende plutôt bien le *second step*, à 8 600 mètres, l'un des passages difficiles de l'ascension, à cause de sa verticalité. Un rayon de soleil pointe sur l'arrête sommitale, comme pour leur souhaiter la bienvenue. La marche est longue et vertigineuse. Un faux pas serait fatal. Une petite crête de neige passée et les voici sur le toit du monde. Émus, les larmes aux yeux, les deux hommes qui, quelques heures auparavant, ne savaient rien l'un de l'autre se prennent dans les bras. À cet instant précis, Tendi s'émeut en imaginant qu'ils sont les seuls à se tenir aussi haut sur la Terre. Il ressent alors une immense fierté de procurer tant de bonheur à son client et, humblement, d'avoir réussi sa première ascension de l'Everest, qui plus est, en étant responsable de leur cordée.

Avant chaque saison, les sherpas d'altitude approchent les agences locales pour se faire engager. Au printemps 2005, Tendi rejoindra Dream Everest, une expédition composée d'Autrichiens, d'Américains et de Japonais, sur le versant népalais, cette fois. Il a pour mission de transporter l'équipement des prétendants au sommet vers les camps supérieurs. Dès le mois d'avril, plusieurs dizaines de sherpas tracent un itinéraire dans la cascade de glace du Khumbu. Dans des conditions de danger maximal, le terrain est ainsi préparé chaque année pour permettre aux Occidentaux de relever leur plus beau défi. Les sherpas opèrent des heures durant sur cette masse instable, slalomant entre les crevasses. D'une bordure à l'autre, au-dessus de gouffres béants, ils fixent des dizaines d'échelles en acier. Une fois l'itinéraire équipé, l'équipe dont Tendi fait partie commence les transports vers les camps d'altitude. Durant les heures les plus chaudes, les chutes de séracs sont fréquentes. Pour cette raison, les allers-retours se font le plus souvent de nuit. Les porteurs sont conscients du danger et progressent la peur au ventre. C'est aussi le cas de Tendi. Le jeune sherpa s'improvise funambule pour franchir les échelles. Parfois, elles sont assemblées en deux, voire trois éléments. Sous son poids, elles oscillent légèrement et rendent l'équilibre précaire, surtout avec trente kilos sur le dos et des crampons aux pieds. Leur relative sécurité est assurée par deux cordes fixes auxquelles les alpinistes accrochent leur mousqueton. La menace vient également d'un glacier suspendu au niveau du col du Lho La. Des séracs s'effondrent fréquemment sur une partie de l'itinéraire. Après d'importantes chutes de neige, il n'est pas rare que des avalanches se déclenchent de la face nord du Nuptse. Dès lors, impossible d'assurer pleinement sa sécurité.

Tendi passe du temps au camp de base. Il adore l'atmosphère de cette ville éphémère. Il fait connaissance avec chaque groupe, sympathise avec les guides occidentaux. Les urgences médicales le fascinent. Il regarde travailler les médecins qui soignent des gelures, des poignets cassés et, avant tout, le mal des montagnes. Il enregistre tous les gestes qui peuvent sauver des vies. L'autre endroit du camp qui suscite sa curiosité, ce sont les toilettes. Le comité de contrôle de pollution supervise la gestion des déchets. Ceux-ci sont évacués à dos de porteurs dans la fosse de Gorak Shep, située à une heure de marche du camp de base. Dans son enfance, son père lui expliquait que tout restait sur place.

En cette saison 2005, le mauvais temps est particulièrement persistant. Plusieurs tentatives se soldent par des échecs. Certains groupes ont renoncé définitivement et sont repartis dans la vallée. Pemba Dorje, un sirdar avec qui Tendi travaille depuis deux ans, l'interpelle et lui demande s'il est disponible pour amener un client qui souhaite malgré tout monter le plus haut possible sur l'itinéraire de l'Everest. Il s'agit de Keiichi Iwasaki, un Japonais parti de chez lui sans un sou en poche pour effectuer le tour du Japon à vélo. Une fois la boucle bouclée, il s'est autorisé à continuer de vivre cette vie d'aventurier. C'est ainsi que, depuis quatre ans, il pédale dans le but de réaliser le tour du monde. L'homme a un talent : il finance son périple en réalisant des tours de magie, ce qui laisse Tendi pantois. Le Japonais n'a aucune expérience de la montagne et encore moins de l'altitude. En arrivant au Népal, l'homme veut voir à quoi ressemble le camp de base de l'Everest. Après quelques jours à côtoyer des alpinistes, le Japonais est pris d'une irrésistible envie de gravir ces impressionnantes pentes. Évidemment, aucune équipe d'expédition ne veut s'encombrer de ce débutant. Mais pour Tendi, c'est une magnifique opportunité.

Le 28 mai, le temps s'est amélioré. Tendi part avec ce drôle de client, dans l'intention d'atteindre au moins le col Sud, ce qui serait déjà un véritable exploit. Le temps se maintient. Deux jours plus tard, les deux hommes atteignent aisément les 8 000 mètres. Malgré une météo qui s'est dégradée, le cycliste se sent en forme et exprime son envie de poursuivre l'ascension. L'espoir de tenter le sommet se dessine.

Tendi monte la tente au dernier camp et laisse son client se reposer, branché à une bouteille d'oxygène. À cette altitude, les sherpas utilisent eux aussi une assistance respiratoire, une garantie pour assurer la sécurité des autres. Tendi pourrait s'en passer, mais il respecte les règles. Sur un minuscule réchaud à gaz, il fait fondre de la neige pour chauffer de l'eau et préparer une soupe et du thé. Le vent est maintenant de la partie, la tente deux places est terriblement battue par les rafales qui soufflent puissamment. Malgré ces mauvaises conditions, à vingt heures trente, les deux hommes se lancent pour le *summit push*. La lune est dégagée, mais le vent transporte énormément de neige, ce qui rend la progression éreintante. L'ascension se poursuit sur des rochers instables. Soudain, c'est la même vision effrayante que sur le versant tibétain.

Plusieurs corps d'alpinistes, figés dans la glace, apparaissent sous leurs faisceaux lumineux. Le Japonais reste stoïque. Tout en poursuivant sa progression, Tendi honore la mémoire des défunts inconnus en récitant quelques prières.

L'improbable cordée atteint le fameux balcon, à 8 400 mètres. Tendi impose à Keiichi une courte halte sur la petite plateforme pour grignoter quelques fruits secs et changer les bouteilles d'oxygène. Les conditions météorologiques, communiquées par radio par l'équipe logistique restée au camp de base, restent médiocres. Tels des somnambules, les deux jeunes gens progressent toute la nuit, à un rythme lent, mais ininterrompu. Tendi ne quitte pas l'arête sommitale des yeux en assurant chacun de ses pas. Une véritable lame de rasoir. À gauche, un abîme de deux mille quatre cents mètres vers le Népal, à droite, trois mille mètres de vide glissent vers le versant tibétain. Il faut rester très concentré. Le minuscule passage finit par s'élargir.

Comme par magie, les nuages se dispersent, donnant l'impression de flotter sur une petite île. Pour Tendi et Keiichi, les planètes sont alignées. À huit heures trente du matin, le 31 mai, ils atteignent le point culminant du monde. Le Japonais inexpérimenté a décroché la lune ! Les deux hommes prennent quelques clichés avant de s'empresser de redescendre. Mais évoluer sur cette arête vertigineuse que la plupart des *summiters* empruntent à cette heure-ci, progressant en file indienne sur le passage étroit, impose la vigilance. Tendi ne peut s'empêcher de comparer la scène à un embouteillage de mobylettes dans les rues de Katmandou.

Après cette ascension insolite, Keiichi a décidé de continuer son tour du monde en le finançant grâce à ses tours de magie. Le Japonais n'est jamais retourné dans son pays depuis qu'il l'a quitté, en 2002. Ces derniers temps, il se trouvait à Turin, en Italie, et préparait son prochain défi, un autre projet totalement fou : traverser l'océan Atlantique à la rame.

10

Plutôt deux fois qu'une

En 2007, sur les pentes de l'Everest, à 7 150 mètres d'altitude, Brian Smith, un agent immobilier originaire de l'Oregon, aux États-Unis, ressent une grande difficulté à respirer ; il est couché sous une tente du camp III. Sa fréquence respiratoire est anormalement élevée. Il tousse avec des expectorations rosées, se sent littéralement étouffer, s'agite et montre des signes d'anxiété. Il n'avait pas imaginé ainsi sa première tentative de sommet. Willie Benegas, le leader argentino-américain de Mountain Madness, soupçonne un œdème pulmonaire. Il explique à Brian que ses poumons sont en train de se remplir de liquide, ce qui entrave le passage de l'oxygène dans son sang, et il insiste sur l'urgence vitale, cette pathologie étant responsable de la plupart des décès liés au mal des montagnes. L'alpiniste pourrait tomber dans le coma et mourir en quelques heures s'il n'est pas pris en charge rapidement. Il doit redescendre au plus vite. Tendi et Ongdi, un autre sherpa d'altitude, le soutiennent et l'aident à atteindre le camp II, mille mètres plus bas.

À peine arrivé, l'Américain s'allonge sous la tente et essaie de dormir un peu. Mais, à deux heures du matin, il se réveille en sursaut, ne parvenant plus à respirer. Il s'évanouit à plusieurs reprises et vomit dans son sac de couchage. Seul sous la tente, il réalise que, sans aide immédiate, il va mourir. Dans un effort surhumain, il se redresse pour tenter d'enfiler ses chaussures. La tentative dure plusieurs longues minutes, ponctuées de nausées et de malaises. Ses gants sont introuvables. Dehors, il fait – 20 °C. Il se traîne à quatre pattes, les mains nues dans la neige. Il fait nuit et il ne sait pas dans quelle tente les deux guides sont installés. Il en secoue une première, personne, puis une seconde. Dans un râle, il lance un « *Help, help !* » Affolés, Tendi et Ongdi sortent aussitôt. Brian s'effondre. Il faudrait le mettre sans tarder sous oxygène, mais, au milieu de la nuit, impossible de trouver des bouteilles pleines. Sans réfléchir aux difficultés que cela représente, dans la nuit noire, Tendi fait un aller-retour au camp I. Mais l'apport en oxygène ne suffit pas. Il faut que Brian perde encore plus d'altitude. À cinq heures du matin, les sherpas n'ont d'autres choix que de porter l'Américain jusqu'au camp de base, deux mille mètres plus bas. L'itinéraire qui progresse sur le glacier du Khumbu prend généralement moins de trois heures. Ils en mettront huit. La redoutable traversée de la cascade de glace se fait ainsi en plein jour, lorsque les risques sont les plus importants. Au camp de base, Brian est pris en charge par une équipe médicale. Lorsque le médecin mesure son taux de saturation, il n'en revient pas : 61 %. L'homme est en hypoxie sévère, un danger vital absolu. Après vingt-quatre heures de soins intensifs, l'agent immobilier est acheminé à Namché Bazar, à 3 400 mètres d'altitude, où il doit retrouver des forces avant d'être rapatrié à Katmandou. Épuisés, Tendi et Ongdi se reposent quelques heures au camp de base, puis remontent aux camps supérieurs. Fatigué et moins attentif, Tendi trébuche et s'étale de tout son long sur une neige gelée. Il se relève difficilement, le visage en sang, pétri de douleurs. La suite de l'itinéraire devient pour lui un vrai calvaire. La nuit suivante, Willie donne le départ pour le *summit push*. Tendi prie Bouddha afin de trouver la force nécessaire. L'Éveillé l'a visiblement entendu. L'équipe de Mountain Madness composée d'Américains, de Norvégiens et de Willie Benegas atteint facilement le sommet.

Au cours de la descente, Tendi somnole. Au col Sud, il se glisse sous sa tente et dort dix-neuf heures d'affilée.

Après un vrai repos au camp de base, il téléphone à sa famille. C'est Dali qui répond. Tendi est heureux d'annoncer le succès de l'expédition, mais, au bout du combiné, la petite voix de sa mère est inhabituelle. Elle lui annonce qu'elle est malade, que sa condition lui impose de se rendre à l'hôpital pour subir une importante opération, mais qu'elle ne pourra pas y aller faute de moyens. Tendi s'effondre, comme transpercé par un coup de poignard. Impossible pour lui de rester les bras croisés. Sans réfléchir, il lui assure que l'intervention pourra avoir lieu et qu'il réglera la facture. Lorsque Dali lui annonce la somme nécessaire, il réalise que son cachet n'est pas suffisant.

À Namché Bazar, Brian Smith récupère rapidement. Ces cinq jours passés dans la ville lui permettent de retrouver de bonnes constantes. Il a toujours dans l'idée de gravir le sommet de l'Everest, son grand rêve depuis qu'il a quinze ans. Son fils de trois ans a d'ailleurs été baptisé… Everest ! Le médecin de l'équipe lui avoue que, à sa connaissance, aucun alpiniste ayant souffert d'un œdème n'a tenté le sommet la même saison. Brian s'enquiert sur ses chances de réussite. Le médecin les estime à cinquante pour cent à peine et ne manque pas d'ajouter que cela serait de la pure folie. Cette réponse le satisfait. Contre cet avis médical, l'agent immobilier de trente-sept ans remonte au camp de base, dans un esprit combatif.

Willie Benegas s'attarde sur le nouveau bilan de santé de son client. Devant l'insistance de Brian, il lui propose de tenter à nouveau l'aventure avec son meilleur sherpa. Tendi est désigné ! Surpris par cette requête, il demande conseil à ses camarades *summiters*. Selon eux, l'organisme du Sherpa ne résistera pas à deux ascensions successives. Mais lui se dit qu'il peut bien risquer sa vie pour sauver celle de sa mère.

Avant d'atteindre le camp II, Brian, Tendi et Willie croisent une expédition de retour du Lhotse. Deux hommes portent le corps de Pemba, une Sherpani originaire de Namché Bazar. La jeune femme a fait une chute fatale en redescendant du 8000 voisin. Tendi est bouleversé, il la connaissait bien. L'idée qu'il puisse un jour dévisser le traverse. Les dieux l'ont protégé jusqu'à présent, mais pour combien de temps encore ?

C'est le jour de l'opération de sa mère. Tendi est préoccupé, pourtant, il doit se concentrer sur sa mission. Au camp IV, les trois hommes ont prévu de se reposer un peu avant le *summit push*, mais une des tentes a été détruite par le vent. Impossible de tenir à trois dans celle qui a été épargnée. Vers vingt et une heures, la nuit est claire, le vent supportable. L'ascension est fulgurante. Dans la dernière pente, Brian récite en boucle ce mantra des plus originaux : « *I'm going to the top of the world, I'm going to the top of the world*[1]… »

Le 24 mai, à deux heures cinquante du matin, ils atteignent le sommet. Willie et Tendi s'éloignent de quelques mètres pour permettre à Brian de se retrouver,

1. Je monte sur le toit du monde, je monte sur le toit du monde…

l'espace de cinq minutes, totalement seul au point culminant de la planète. C'est à ce moment précis que l'Américain réalise qu'environ sept milliards d'êtres humains se trouvent en dessous de lui.

En une semaine, Tendi se retrouve pour la seconde fois au sommet de l'Everest. Il n'en ressent aucune fierté particulière. Il pense seulement à sa mère. Vers six heures du matin, les voilà de retour au col Sud. Les sherpas qui se lèvent tout juste s'étonnent que l'équipe ait rebroussé chemin sans atteindre le sommet. Le récit de Willie les laisse totalement incrédules. Aux yeux de tous, Tendi devient un véritable héros.

De retour au camp de base, le jeune Sherpa appelle la maison. Sa petite sœur, Lakpa, l'informe que l'opération s'est bien déroulée. Ils partagent ensemble un moment d'émotion au téléphone. À cent soixante kilomètres de distance, reliés par la connexion fragile d'un téléphone satellitaire, le frère et la sœur fondent en larmes. La fatigue fait place au soulagement. Tendi se sent béni des dieux. Sa mère va mieux ; elle est en convalescence. Il rentre couvert de gloire avec, en prime, une belle somme d'argent qu'il apportera immédiatement à Dali sur son lit d'hôpital.

Avant de se séparer, Brian a glissé dans la main de Tendi une enveloppe contenant plusieurs centaines de dollars. Un gros pourboire largement mérité. L'Américain lui a tapé sur l'épaule et lui a demandé, amusé, si avec cette somme, il allait s'acheter un ordinateur ou couvrir une Sherpani de bijoux. À la grande surprise de Brian, le regard de son nouvel ami est devenu grave. Et il lui a expliqué que cet argent était destiné à payer le chirurgien qui avait opéré sa mère. L'Américain réalisa alors qu'à aucun moment durant l'ascension, le sherpa ne lui avait fait part de ses préoccupations. Toute son attention s'était portée uniquement sur son client. Depuis, une amitié indéfectible lie les deux compagnons de cordée.

11

L'Everest pour linceul

Après plusieurs autres expéditions à l'Everest, Tendi se réjouit de gravir enfin le Cho Oyu. Son entourage s'en félicite, car les dangers sont moindres sur ce 8000. Peu avant d'entamer l'ascension, Mountain Madness modifie le programme. En cette année 2009, les sept clients des frères Benegas succombent aux sirènes de l'Everest. Cela n'enchante guère Tendi de retourner s'attaquer aux pentes du versant népalais, mais il accepte, s'en remettant à sa bonne étoile. Sur l'itinéraire menant au camp de base, Tendi se recueille dans plusieurs monastères. Il médite et procède à quelques offrandes. Les moines penseront peut-être à lui dans leurs prières.

Avant même de commencer l'ascension, Tendi a perdu du poids. Il doit être vigilant. Face à de tels efforts, avoir un apport calorique suffisant est primordial. Pour permettre aux sherpas de lutter contre le froid, le sirdar remet à chacun d'entre eux une veste d'expédition, sur laquelle le logo d'une grande marque est bien visible. En l'enfilant, Tendi repense à son père qui travaillait sur les pans de l'Everest avec ses propres vêtements en laine. À cette époque, les sherpas ne bénéficiaient pas tous du même matériel que leurs employeurs.

Avant de monter vers les camps d'altitude, Tendi appelle une dernière fois ses parents. Khamsu connaît bien les dangers de l'Icefall. Pour rassurer son père, il lui certifie que l'itinéraire est sûr, cette saison. À la sortie du camp de base, la redoutable cascade de glace apparaît au cœur du glacier du Khumbu. Une gigantesque rupture de pente forme des blocs aussi imposants que des immeubles. Cette énorme structure, constamment en mouvement, commence à être dangereuse dès les premiers rayons de soleil. Ainsi, la plupart des grimpeurs traversent le labyrinthe avant le lever du jour. Mais, souvent, la traversée s'éternise, car il faut franchir une multitude de crevasses lors de passages acrobatiques équipés d'échelles. Au fil de la matinée, l'exposition aux risques augmente. Alors que Tendi et Phurba, un jeune sherpa, se trouvent au milieu du glacier du Khumbu, lourdement chargés, une avalanche se déclenche au-dessus d'eux. Instinctivement, Tendi hurle : « Attention, une avalanche ! » Les autres sherpas présents sur le secteur crient aussi. Certains laissent tomber leur charge et courent pour tenter de se mettre à l'abri. Tendi entraîne son camarade sous un sérac. Un grondement se fait entendre, puis un épais nuage de poudre assombrit le ciel. Le plus jeune s'époumone :

« On va mourir, on va mourir !

– Non, ne crains rien, elle n'arrivera pas jusqu'à nous. »

Le nuage qui précède l'avalanche est déjà sur eux, accompagné d'une rafale violente et d'un roulement de tonnerre. Tendi entoure les épaules de son compagnon et le protège de son corps. Tandis que les deux jeunes hommes sont à genoux dans la neige, les poussières blanches les recouvrent entièrement.

« Rassure-toi. Ce n'est rien. Bouddha nous protège. Ça va aller ! »

Malgré ses propres encouragements, Tendi pense sérieusement qu'ils vont mourir. Les yeux fermés, il prie pour ses parents, son frère et sa sœur. Lentement, l'intensité du souffle diminue, puis s'arrête. Le vacarme cesse. Phurba se met à tousser. De la neige a pénétré dans ses voies respiratoires. Après plusieurs minutes, ses bronches le font moins souffrir. Il reprend ses esprits. Tendi réalise que l'avalanche a terminé sa course dans une profonde crevasse. Seul l'aérosol les a atteints. C'est un véritable miracle.

Cinq ans plus tard, Tendi est à nouveau confronté à une terrible avalanche. Le 18 avril 2014, l'information fait rapidement le tour du monde. Les premiers communiqués de presse sont des plus pessimistes : « Une avalanche s'est abattue à proximité du camp I et a tué au moins treize guides népalais. Trois autres personnes sont portées disparues. » Selon son planning, Tendi devait se trouver précisément à cet endroit au moment du drame. Les heures passent sans que Gobinda, son associé de l'agence TAGnepal, ait de nouvelles de lui. Ses amis ont les yeux rivés sur sa page Facebook et attendent désespérément un signe de sa part. En Suisse, les gens téléphonent à Armand, pensant qu'il a des informations de première main, mais il n'en est rien. Le dernier message reçu remonte à une semaine : « Cher Saouji, avec mon groupe, nous allons faire des offrandes et recevoir les conseils du lama du monastère de Tengboche. Ses bénédictions nous protégeront lors de notre ascension. Namasté de Namché Bazar. »

Armand est fou d'inquiétude. Khamsu et Dali sont également sans nouvelles. Après une longue nuit blanche, Saouji reçoit enfin un coup de fil rassurant. Gobinda lui annonce que Tendi est en vie. Aussitôt qu'il a eu du réseau, le jeune Sherpa a posté ce message tant attendu sur les réseaux sociaux : « Bonjour à tous. Je suis désolé de vous donner de mauvaises nouvelles. Nous avons perdu nos meilleurs amis. J'ai été occupé toute la journée d'hier au sauvetage et une autre difficile journée nous attend aujourd'hui. »

Tendi a été épargné, c'est un miracle. La puja présageait pourtant une saison radieuse. Si le Sherpa a échappé au pire, c'est que, quarante-huit heures avant le drame, il partait avec son cousin germain en direction du camp II. À tout juste vingt ans, le petit Tenji (petit par l'âge et par la taille, du haut de son mètre cinquante) est totalement inexpérimenté. Tendi l'a donc pris sous son aile pour l'initier à l'usage des crampons et à la haute altitude. Ce 17 avril, ils partent aux aurores, atteignent l'altitude de 6 500 mètres et reviennent dans l'après-midi. Dans la descente, la température augmente de manière significative. Tenji se sent fatigué. Il s'arrête fréquemment. Sous les pentes du Lho La, Tendi se rend compte que la situation est très délicate. Il oblige son cousin à se dépêcher pour redescendre au plus vite au camp de base. Ils vont passer beaucoup de temps dans la zone qui sera, le lendemain, le théâtre du terrible drame.

Le 18 avril, vers sept heures trente, Tendi dort encore au camp de base lorsqu'un sherpa, hors d'haleine, lui annonce qu'une avalanche vient d'atteindre une partie du camp à 5 800 mètres d'altitude. Tendi sort de son sac de couchage et branche immédiatement sa radio sur la fréquence des expéditions ; celle-ci émet un brouhaha quasi inaudible. Difficile de savoir ce qui se passe réellement. Il comprend qu'il y a des blessés et sans doute des morts. Les sherpas qui se trouvent au camp II redescendent en catastrophe. Après avoir porté secours aux premiers blessés, les sauveteurs entament les recherches des disparus. Ils trouvent rapidement une première victime, puis plusieurs autres. L'oreille collée à sa radio, Tendi entend, en fond, des pleurs et des hurlements. Il pense alors à son oncle Angkaji. Chargé comme un mulet au milieu du glacier du Khumbu, ce dernier devait être en train d'équiper la voie normale en cordes fixes. Si l'avalanche l'a touché, impossible pour lui de trouver un abri. Malgré plusieurs appels sur sa radio, personne ne répond, ni son oncle ni les autres membres de son groupe.

Sur place, Tendi est l'un des rares guides à posséder une solide expérience du sauvetage *long-line*[1], qu'il a acquise récemment en Suisse, lors d'un stage parmi les sauveteurs d'Air Glaciers. Un hélicoptère dépêché depuis Katmandou s'est directement rendu sur les lieux pour récupérer les blessés. À chaque rotation, l'appareil dépose des victimes au camp de base. Les médecins prodiguent les premiers soins et trient les neuf blessés déjà rapatriés selon le degré d'urgence. Trois sherpas dans un état grave sont immédiatement évacués vers Katmandou.

Après le transport des blessés, c'est au tour des morts d'être hélitreuillés. Telles des marionnettes désarticulées, les dépouilles sont déposées aux pieds de Tendi qui les réceptionne au camp de base. L'un après l'autre, il décroche ses amis. Le dernier est bien Angkaji, le frère de sa mère. Tendi pense alors à ses six cousins et cousines qui ne reverront jamais leur père. Un drame. D'autant plus qu'Angkaji était un père divorcé ; sa femme l'avait quitté quelques années plus tôt, le laissant élever seul leurs six enfants. Un autre sherpa décédé devait se marier au retour de l'Everest. Concentré sur

1. Sauvetage réalisé au moyen d'un long câble suspendu au treuil de l'hélicoptère.

ce sinistre travail, Tendi ne prend même pas la peine d'essuyer les larmes qui ruissellent le long de ses joues. En signe de respect, il touche le front de chaque mort.

Vers treize heures, les sauveteurs tentent encore de dégager un corps dont un pied dépasse de la surface de la neige. En vain. Les secours sont interrompus en raison d'un risque persistant d'avalanche. Au matin du 19 avril, un groupe de sherpas et quelques guides occidentaux forment une nouvelle équipe de sauvetage. Deux hommes sont placés en sentinelle pour donner l'alarme en cas de nouvelle coulée. On dégage le corps trouvé la veille, mais il manque encore trois sherpas. Les recherches à la sonde n'aboutissent pas. Éparpillés dans la neige, les monceaux de glace sont imprégnés du sang des victimes. On retrouve des sacs, des casques enfoncés, des chaussures et des vêtements déchirés. Balayés par l'avalanche alors qu'ils travaillaient sur les échelles, trois hommes ont été projetés au fond d'une crevasse à quatre-vingts mètres de profondeur. Autour de Tendi, la neige est devenue le linceul de ses frères.

Au camp de base, les discussions sont animées. La plupart des sherpas veulent renoncer à poursuivre les expéditions. Dans leur croyance, il est indécent de piétiner la neige encore rouge de sang. Ils ont perdu des amis et certains, comme Tendi, des membres de leur famille. Pour cette communauté soudée, c'est un drame épouvantable dont elle se remettra difficilement. Certains leaders d'expédition veulent malgré tout poursuivre leurs ascensions. La tension monte. Trois jours plus tard, des représentants du gouvernement népalais débarquent pour désamorcer la situation. Face aux menaces de certains sherpas, une première agence jette l'éponge. Les autres suivent. L'État népalais ordonne officiellement la fin de la saison.

Meurtri, Tendi rentre avec son groupe à Katmandou. Les jours suivants, il honore la mémoire des morts. Il rend visite aux familles et participe aux cérémonies de crémation. Enfin, il se rend chez son défunt oncle. En larmes, Chheji, la fille aînée d'Angkaji, lui annonce que leur rente d'orphelins ne dépassera pas les quatre cents dollars. Par chance, la compagnie qui employait son père avait prévu une assurance vie. Ainsi, la fratrie disposera de quinze mille dollars supplémentaires. Mais cette somme sera-t-elle suffisante pour répondre aux besoins des six frères et sœurs ? Tendi se demande comment offrir une vie décente à tous ces orphelins de l'Everest ; en vain.

Un an plus tard, un terrible séisme secouera le Népal, faisant plus de dix-sept mille morts et provoquant une nouvelle avalanche qui atteindra le camp de base, tuant dix-huit alpinistes et clôturant une nouvelle fois la saison prématurément.

12

Tremblement de terre

C'est le troisième jour d'acclimatation. Laly Ulehla et Ulises Corvalán, les clients argentins de Tendi, avalent des antidouleurs pour gérer au mieux leurs maux de tête. Ils espèrent que les migraines passeront vite, car le sommet de l'Everest les attend. Le camp de base avancé du versant tibétain se situe à 6 400 mètres. Pour atteindre une telle altitude, l'expédition a longé le Miracle Highway, une moraine de quinze kilomètres. Une longue approche récompensée par un spectacle grandiose : juste là, devant cette impressionnante face verticale, se dresse le toit du monde.

Le temps est radieux, ce 25 avril 2015. Soudain, en une fraction de seconde, la terre se met à trembler. La violence de la secousse prend tout le monde de court. C'est la panique générale. Certains sont projetés au sol, d'autres, affolés, courent dans tous les sens. Craquant de manière sinistre, le glacier du Rongbuk tout entier donne l'impression d'être en mouvement. D'énormes avalanches qui se décrochent de la crête nord menacent d'atteindre le camp. Lorsque l'une s'arrête, une autre se déclenche aussitôt, semblant encore plus démesurée que la précédente. Par chance, le camp, érigé sur une surface plane, est en sécurité, car il est suffisamment éloigné des pentes raides et du danger que cela représente. Après quelques minutes, un silence de mort s'installe. La terre a cessé de trembler.

Alors que l'aérosol se dissipe, Tendi prend conscience de l'ampleur de la catastrophe. Sans aucun doute, une telle secousse a été ressentie partout au Tibet et même au-delà. Ses premières pensées vont à sa famille. Le séisme a-t-il atteint Katmandou ? Dans l'immédiat, il doit s'occuper de ses clients de TAGnepal. Heureusement, dans le camp, personne n'est blessé. Après un rapide état des lieux, il empoigne le téléphone satellitaire et tente d'entrer en communication avec les siens. Le réseau est fortement perturbé, mais son père décroche. Les nouvelles de la famille sont rassurantes, même si, en fond, Tendi reconnaît les pleurs de sa fille de deux ans, Dolma. Khamsu a juste le temps de lui dire que leur quartier est partiellement détruit et que, dans la capitale, les morts se comptent déjà par dizaines. La conversation est coupée, laissant Tendi sous le coup de l'émotion.

L'officier de liaison chinois chargé de chaperonner les himalayistes exige par radio un repli vers le camp de base où la sécurité des alpinistes sera mieux assurée. Tendi rassemble son groupe. Il faut faire vite. La descente sera longue et difficile, car la nuit commence à tomber. Le groupe progresse à la lueur d'une lune gibbeuse croissante. Seules les lampes frontales éclairent leurs pas. Une longue procession s'allonge sur le toit du monde, plus inhospitalier que jamais. Les répliques ne se font pas attendre et chacune d'elles déclenche une avalanche. Dans la nuit glaciale, on entend comme des roulements de tambour qui terrifient les alpinistes. Ils s'arrêtent, s'agrippent par les épaules, suspendus au bruit de la montagne. Lorsque le vacarme cesse enfin, ils reprennent leur marche, sans savoir s'ils seront encore en vie au lever du jour. Tout en donnant le rythme,

Tendi se concentre sur sa respiration. Faire disparaître ce stress qui torture son estomac. Ne penser à rien d'autre qu'à l'instant présent et avancer. Dans un murmure inaudible, il récite une série de mantras.

La descente aura duré toute la nuit. Épuisé, le groupe atteint enfin le camp de base. Les informations du versant sud sont mauvaises. Une gigantesque avalanche a enseveli l'autre camp de base, côté népalais, qui, à cette période, est particulièrement fréquenté. Dix-huit montagnards sont morts, parmi lesquels des amis de Tendi.

L'Association d'alpinisme du Tibet, dépendante de Pékin, qui donne les permis et gère l'administration, estime que la montagne n'est plus sûre. Elle redoute de nouvelles répliques. Plusieurs grosses crevasses se sont formées sur le glacier. Et pourtant, certains responsables d'expédition insistent pour continuer. La majorité des sherpas préféreraient être auprès des leurs. Plusieurs d'entre eux sont encore sans nouvelles de leur famille.

Dans le camp, les discussions s'enflamment. De nombreux clients espèrent encore pouvoir atteindre le sommet. Certains ont dû abandonner l'année précédente en raison de la gigantesque avalanche ayant frappé le versant népalais, d'où leur choix, cette saison, de gravir le sommet par le côté tibétain. Pour rien au monde ils ne renonceraient à ce rêve d'une vie pour lequel ils ont investi beaucoup d'argent.

Dans l'attente d'une décision, Tendi appelle sa femme. Phuru le rassure, leur maison, construite il y a dix ans, a tenu le choc, sans doute grâce aux assises et aux angles en béton armé. Mais la crainte d'une réplique les oblige à camper à l'extérieur. Tendi a envie de pleurer. Retenu à l'autre bout de l'Himalaya, il est impuissant à leur porter secours. Mais les savoir tous en bonne santé l'aide à se concentrer sur son rôle de leader de groupe.

Le gouvernement chinois décide d'interrompre les ascensions. Toute contestation étant vaine, les touristes et sherpas sont expédiés à Lhassa, d'où ils regagnent le Népal en avion. L'Airbus d'Air China survole Katmandou durant plus d'une heure avant de pouvoir se poser. Quinze jours se sont écoulés depuis le séisme. À travers les hublots, une vision cauchemardesque frappe les passagers. L'immense ville est éventrée, des quartiers entiers sont détruits. Des foules s'amassent sur les places et dans les parcs. Les vieilles maisons du quartier de Kopan ont subi des dégâts considérables. Le taxi qui ramène Tendi chez lui doit faire de grands détours pour éviter les rues encombrées. Les gens errent, désorientés. Beaucoup portent les stigmates de blessures.

Tendi retrouve sa famille dans le campement de fortune qu'elle a dressé à la hâte. Les retrouvailles sont sans grandes effusions, mais émouvantes. Il saisit dans ses bras sa petite Dolma, la fait virevolter dans l'air, avant de la reposer au sol ; un court instant de bonheur volé au milieu de ce chaos. Il prend les mains de sa mère. Tous deux s'inclinent, front contre front, puis il répète le même rituel avec son père, avant de terminer par une rapide étreinte avec Phuru. L'inspection détaillée de la maison rassure celui qui est devenu le chef de famille. La décision est prise de la réintégrer, sans que les membres de la famille soient pleinement rassurés pour autant. Les fréquentes répliques, même de faible intensité, entraînent un état de psychose permanent. À tout juste vingt ans, Tenji, le cousin de Tendi, ne dort plus. Il passe ses nuits, les yeux grand ouverts, à regarder dans le vide. Khamsu et sa femme sont aidés par la prière. À tour de rôle, ils déclament des invocations, tantôt dans leur chapelle privée, tantôt au stupa[1] de Bodnath. Par chance, le temple reste accessible, même si une partie du monument s'est effondrée.

Tendi constate vite qu'à Katmandou le manque de coordination est total. La police et l'armée semblent absentes de la ville ; les moyens logistiques font cruellement défaut. Les ONG se pressent en nombre, mais certaines peinent à être rapidement opérationnelles. Dans des conditions sanitaires déplorables, beaucoup de sinistrés sont livrés à eux-mêmes. Dans les ruelles étroites de la capitale, les déplacements à pied sont dangereux. Des pans entiers d'immeubles continuent de s'effondrer. Tendi en évite un de justesse.

Sans relâche, Khamsu essaie de joindre ses proches à Saisima, son village d'origine. La vallée retirée du Khembalung est toujours privée de communication. Un ami l'a informé qu'un hameau voisin a été totalement rasé par un glissement de terrain. Et le glacier qui le domine menace de s'affaisser.

Une ancienne cliente argentine de Tendi vient lui remettre en main propre une importante somme d'argent. Elle lui fait entièrement confiance pour que ce don soit utilisé au mieux. Plusieurs billets de cent dollars en poche, il court se procurer une dizaine de grandes tentes qui feront office de réfectoires lors de prochaines expéditions, mais qui, pour l'heure, sont dressées à l'aide de plusieurs hommes au cœur du parc de Naag Pokhari, à proximité du Palais royal. Cette nuit, elles accueilleront une centaine de sinistrés.

1. Grand monument bouddhique contenant une relique du Bouddha, d'un saint ou des textes sacrés. Les stupas doivent être contournés par la gauche.

Le 12 mai, à midi, une réplique de magnitude 7,3 provoque d'énormes dégâts. Affolée, la famille quitte à nouveau la maison. Une fois encore, la bâtisse a tenu le coup, mais, pour plus de sécurité, ils retournent dans leur campement de fortune.

Pendant ce temps, en Suisse, Saouji attend que Tendi lui précise ses priorités en matière d'aide. Avant de l'appeler, Tendi poste un message sur Facebook, le premier depuis son départ pour le Tibet : « Le tremblement de terre d'aujourd'hui a été terrible. Il a encore fait énormément de victimes. Je suis très préoccupé. Les dégâts sont importants, non seulement à Katmandou, mais partout dans le pays. J'ai reçu des messages du monde entier. Un grand merci pour vos nombreuses promesses de dons. Namasté à tous ! »

Khamsu finit par avoir des informations rassurantes de la vallée du Khembalung. Les dégâts y sont minimes, excepté un glissement de terrain qui fragilise la structure du gompa[1] de Saisima. Tendi s'empresse de relayer l'information à Saouji et lui parle d'un village tamang dans la région de Trisuli, à cent kilomètres au nord de Katmandou, dont certains membres sont des amis d'expédition. Les Sherpas se sentent proches de cette ethnie. Comme eux, elle est d'origine tibéto-birmane et de confession bouddhiste. La plupart des familles ont perdu des parents, des enfants, leur habitation, leurs réserves alimentaires, leur matériel de cuisine. Un ami sirdar a vu mourir sa femme et sa sœur dans d'atroces souffrances, faute de soins apportés à temps.

Dans ce contexte dramatique, Saouji lance un appel aux dons via leur ONG Nepalko Sathi. Ses nombreux amis suisses se mobilisent rapidement et réunissent trois

1. Temple ou monastère bouddhique.

mille cinq cents dollars qui permettent à Tendi d'acheter des denrées alimentaires, du matériel médical et des vêtements, et de se rendre immédiatement sur place. La réalité va au-delà de ce que Tendi craignait. Les villageois qui ont survécu sont dans un état de grande détresse. Ils ont dû incinérer à la hâte une vingtaine de victimes. Des bûchers ont été dressés à l'écart des décombres et les membres endeuillés des différentes familles touchées par le drame y ont installé leurs défunts. Autour d'eux et des monticules incandescents, un lama récite des mantras pour chacune des victimes. Durant quarante-neuf jours, des cérémonies rituelles ont lieu pour permettre aux défunts d'accéder à la meilleure réincarnation possible pour leur prochaine vie.

Les blessés n'ont eu d'autre choix que d'attendre l'arrivée de Tendi pour recevoir les premiers soins. Les plaies sont infectées, certaines fractures ne se réduiront jamais. Les faibles réserves de nourriture sont bientôt épuisées. En peu de temps, un camion, chargé de huit tonnes de produits alimentaires, que Tendi a affrété, accède enfin au village. Chaque famille reçoit trente kilos de riz et trois kilos de lentilles, de quoi permettre aux villageois de subvenir à leurs besoins pendant quelques semaines.

Quelques jours plus tard, un approvisionnement de huit tonnes également est livré à Rut Beshi, une petite agglomération située au nord de la capitale. Après la distribution de nourriture, Tendi et quelques amis improvisent une salle d'accouchement sous une large tente. Un besoin urgent, car, dans la région, une soixantaine de femmes enceintes sont livrées à elles-mêmes pour accoucher. Mais l'espace de soin manque cruellement de lumière. Avec l'argent récolté par son ami Brian Smith, Tendi achète une centaine de lampes frontales utilisées en trekking, ce qui permet aux médecins et aux sages-femmes dépêchés sur place de travailler plus confortablement. Avec le reste de l'argent, il fait installer une dizaine de toilettes dans cette même zone sinistrée.

Le Népal, pays rural parmi les plus pauvres de la planète, vivait déjà sous perfusion avant le séisme. Le tremblement de terre a révélé une puissante solidarité mondiale. Les associations caritatives déjà actives dans le pays ont été rapidement salutaires. D'autres ont débarqué plus tard, sans grande connaissance du pays et encore moins de sa culture ; elles n'auront pas été d'une grande efficacité.

DEUXIÈME PARTIE

13

Khamsu Sherpa

Robuste malgré sa petite taille, Khamsu vient d'avoir seize ans. Nous sommes en 1976. Le jeune Sherpa habite avec ses parents dans la région isolée du Khembalung, une immense vallée glaciaire nichée à l'est du Népal. Il aide sa famille à cultiver la terre et à façonner de nouvelles terrasses. Il fait aussi du portage, ce qui est le lot de nombreux Népalais. Sur ces chemins étroits et abrupts, le transport à dos d'homme est la règle. Khamsu n'y échappe pas. Il descend des pommes de terre et du kodo[1] aux villages rais de basse altitude et remonte du riz, du sel et des objets utiles pour l'agriculture et le ménage. Il peut déjà porter plus de trente kilos. Son orgueil de jeune Sherpa le pousse à toujours augmenter sa charge, qui devient démesurée lorsqu'il se rend dans la jungle pour prélever du bois, ou au bord de la rivière pour chercher des pierres. Il passe l'été à garder les troupeaux, mais envisage de devenir le lama de Saisima, son village, comme son père et son oncle. Encouragé par ses parents, il fréquente les monastères pour étudier les mantras. Secrètement, il rêve aussi de découvrir le monde.

1. Variété de millet courante au Népal. C'est un ingrédient de base pour les montagnards népalais.

Plusieurs Sherpas de Gonthala, la localité voisine, se sont engagés comme porteurs d'expédition. Ils peuvent ainsi ramener un maigre salaire pour leur foyer. Le Makalu, sommet convoité par de nombreux alpinistes occidentaux, domine près du village de Khamsu. Le chemin conduisant au camp de base, autrefois sentier emprunté par les bergers, est devenu un itinéraire de trekking très prisé. Khamsu voit l'opportunité d'y trouver du travail, mais il ne connaît rien à cette activité. Conseillé par des amis, il prévoit de se rendre à Tashi Gaon, le dernier village sur le chemin du 8000. Les porteurs rais engagés à Hile, une bourgade isolée, ont finalement renoncé, craignant les hautes altitudes. L'occasion est rêvée.

Le jeune homme est parti de Saisima à l'aube. Il est pieds nus et porte son unique vêtement, l'habit traditionnel des Sherpas et des Tibétains, un manteau de laine feutrée le couvrant jusqu'aux genoux, ouvert sur l'avant. Les deux pans se croisent sur la poitrine et une ceinture entoure la taille. Un espace permet d'y placer ses affaires de voyage, notamment quelques aliments : de la tsampa[1] dans un petit sac de toile, et des pommes de terre cuites dans leur peau. Un bonnet rond en laine tricotée recouvre sa tête. À sa ceinture est fixé le kukuri, un outil indispensable pour se frayer un chemin dans la jungle ou pour se défendre contre les animaux sauvages. Pliée sur son épaule, une couverture de laine complète son équipement.

L'adolescent descend en courant jusqu'au fond de la vallée. Le chemin peu fréquenté est envahi par la végétation. Habitué à marcher rapidement, il chemine

1. Sorte de farine d'orge grillée, elle peut se mélanger à du lait ou du thé. C'est un aliment typique de la cuisine tibétaine et sherpani.

allègrement à travers la jungle. Arrivé sur la crête, son regard se perd vers l'horizon. Au nord se dresse le Chamlang, au pied duquel il a fait pâturer les moutons durant plusieurs étés. Ce 7000 dépasse les montagnes sacrées protectrices de son village et les arêtes acérées du Makalu, qui représente pour lui l'espoir de gagner un peu d'argent. Le soleil est encore haut dans le ciel lorsqu'il aperçoit les premières maisons du village de Tashi Gaon, après une journée de marche. Il se rend chez Dolma, une fille du Khembalung. Elle vient de se marier avec un Sherpa de ce hameau.

« Tachidélé, tachidélé[1] ! » La main tendue en avant, c'est le salut des Sherpas. L'hospitalité est naturelle chez eux ; Khamsu est accueilli généreusement par Dolma. Le thé au beurre et la tsampa soulagent la faim qui tord son estomac. Norbu, le mari de Dolma, arrive des champs et se montre aussi accueillant que son épouse. Un groupe d'étrangers devrait arriver dans un ou deux jours pour se rendre au camp de base du Makalu. À cette époque, alors que le téléphone n'existait pas dans ces vallées retirées, pour s'assurer d'avoir suffisamment de personnel lors des treks d'altitude, les agences utilisaient des gens de confiance pour recruter porteurs et *kitchenboys*[2] dans les derniers villages habités, juste avant l'arrivée des touristes.

Khamsu comprend qu'une partie des occupations de Norbu consiste à être au service des touristes. Il n'en a jamais vu et ignore tout de leurs us et coutumes. Norbu lui confie que ce sont des personnes bizarres, qui se lavent plusieurs fois par jour, s'asseyent sur des chaises pour manger et, encore plus étonnant, s'essuient

1. « Bonjour » en langue sherpa.
2. Aide de cuisine dans les expéditions.

le derrière avec du papier. Difficile pour Khamsu d'y croire. Son ami lui apprend un maximum de choses pour qu'il ne soit pas désemparé lors de ses premiers contacts avec eux. Il lui promet aussi d'intervenir auprès du sirdar pour lui trouver du travail, mais rien n'est garanti, car des dizaines de jeunes gens attendent déjà l'arrivée de la caravane dans l'espoir d'être engagés. Khamsu s'imagine *kitchenboy*. Pasang, le cousin de Norbu, est chargé de choisir l'emplacement du camp et d'organiser son agencement. Il place quelques repères, tout en expliquant : « Cet abri, en bordure du champ, sera utilisé pour la cuisine. La tente qui servira de salle à manger sera montée à proximité. Celles des touristes seront alignées, l'ouverture face à la vallée. Ils aiment jouir du paysage. »

Dans l'après-midi arrivent successivement deux porteurs de tentes, puis quatre porteurs des affaires personnelles des Occidentaux. Khamsu s'étonne. Combien sont-ils pour qu'il y ait autant de bagages ? Ils sont huit et chacun a déjà son sac à dos. Ils dormiront à deux par tente.

« Kuiré ayo… kuiré[1] ayo ! » « Les touristes arrivent ! » scandent les enfants qui courent pieds nus.

Le sirdar marche en tête de colonne, vêtu de la même manière que ses clients qui, visiblement, n'ont guère l'habitude d'évoluer dans ces terrains abrupts. Attentif, le sirdar leur impose le pas des montagnards.

Sous la direction du cuisinier, les *kitchenboys* étalent ustensiles et victuailles sur des bâches. La quantité et la variété des marchandises ne manquent pas d'étonner Khamsu. Quand les marcheurs arrivent enfin au camp, le jeune homme réalise qu'il n'avait jamais vu de blancs

1. Nom donné par les Népalais aux touristes étrangers.

auparavant. Il les observe discrètement. Les *kitchenboys* ont déjà monté deux tables et huit chaises. Ils font bouillir de l'eau pour le thé et répartissent des biscuits sur une assiette. Les sherpas ont un mal fou à tenir à distance les enfants curieux qui se pressent autour du camp. À l'écart, le sirdar paie les porteurs qui ont décidé de ne pas continuer. Mal vêtus, les Rais ne supportent pas le froid. Ils repartiront le soir même pour des altitudes moins exigeantes.

Assis en tailleur en amont du campement, Khamsu observe, intrigué, les scènes qui se déroulent en contrebas. Son monde se limite aux villages de sa vallée. Lorsqu'il était enfant, son père lui avait expliqué que derrière les montagnes de Saisima se trouvait le Tibet. Il avait parfois vu des caravanes venant de ce pays et il s'était étonné du fait que ces voyageurs parlent une langue proche de la sienne. En réalité, il s'agissait de la langue des mantras, celle qu'il pratique.

Le sirdar le tire de ses pensées, lui faisant signe de venir. Il le dévisage d'un air hautain. Khamsu baisse les yeux, très intimidé. Les questions fusent : « De quelle ethnie es-tu ? As-tu déjà travaillé pour une agence de trekking ? » Khamsu avoue son inexpérience, mais insiste sur sa capacité de marcher vite et longtemps, y compris avec une importante charge sur le dos. Le visage du sirdar s'adoucit : « Tu feras peut-être un *kitchenboy* acceptable. Je te donne trois cents roupies par jour, soit deux dollars cinquante. Tu pourras manger à la cuisine. Mais, attention, si tu ne donnes pas satisfaction, je te renvoie immédiatement. »

14

Au service des blancs

Norbu conduit Khamsu vers l'abri servant de cuisine. Un petit homme rondouillard s'y affaire. « Voilà ton nouveau *kitchenboy*. Bonne chance, il a tout à apprendre ! » Pemba, le cuisinier, lui prend les mains et les observe attentivement. « Les deux premières choses que tu dois respecter, c'est de te laver les mains et ne pas cracher dans le camp. Il faut perdre ces mauvaises habitudes. Tu dois impérativement rester poli avec les touristes, comme tu l'es avec le lama de ton village. Dawa va assurer ta formation. » Un jeune homme accroupi, en train de nettoyer un réchaud à alcool, se tourne vers Khamsu. « On n'a pas le temps de s'amuser, ici. Va chercher de l'eau avec Dorje. Tu devras veiller à ce qu'il n'en manque jamais. » Dorje est un adolescent grand et mince, tout le contraire de Khamsu. Il lui tend deux jerricanes vides et l'entraîne vers un ruisseau. Les deux récipients de vingt litres sont remplis à une petite cascade.

« Profite de cet instant pour te laver les mains, si tu ne veux pas te faire engueuler par Pemba », lui conseille Dorje. « Tu verras, il se fait entendre quand il n'est pas content. Hormis cela, il est gentil et nous donne bien à manger. Généralement, on prépare beaucoup de nourriture pour les kuirés ; comme ça, on est sûrs qu'il en reste pour nous. »

Lorsqu'ils reviennent, Dawa, toujours accroupi, épluche des pommes de terre cuites. Khamsu s'agenouille à son tour et se met à l'ouvrage. Ses nouveaux collègues sont des Sherpas ; par conséquent, ils devraient bien s'entendre. Pemba découpe un poulet. Khamsu, en bon bouddhiste qui n'a jamais consommé de viande, se demande comment on peut tuer des animaux. Cela l'écœure de savoir que les touristes en mangent presque chaque jour. Ces gens-là n'ont vraiment aucun respect pour la religion, se dit-il. Les Rais sont eux aussi carnivores. Les Sherpas leur reprochent d'ailleurs souvent de ne pas avoir de dieux.

La nuit est tombée. Khamsu est exempt de service. Tout le monde craint qu'il ne se ridiculise devant les clients. Sur les tables recouvertes d'une nappe, on dispose les assiettes, les couteaux, les cuillères et les fourchettes. Chez lui, on mange avec les doigts dans une marmite commune. Ici, les aliments sont apportés sous la tente réfectoire. Les kuirés commencent le repas par la soupe, puis on leur sert des pommes de terre sautées, accompagnées d'un poulet au curry et d'un plat de crudités, et enfin des fruits en conserve en guise de dessert. L'adolescent n'a jamais vu une telle abondance de nourriture. À peine le repas terminé, les trois *kitchenboys* courent à la rivière et lavent la vaisselle à l'eau gelée. Il faut frotter avec énergie pour enlever toute la graisse. À l'orée de la forêt, les autres porteurs ont allumé un feu de bois pour faire réchauffer les restes. Évidemment, Khamsu fait l'impasse sur la viande.

Cette nuit-là, enroulé dans une couverture dans un coin de la cuisine, il cherche en vain le sommeil, déconcerté par cette première journée. Il fait encore sombre quand le cuisinier l'appelle et lui donne ses premiers ordres. Les kuirés prennent le petit déjeuner au lever du soleil et il faut que tout soit prêt à temps. Les deux réchauds à essence émettent un ronronnement régulier. Khamsu n'en avait jamais vu auparavant. C'est une révélation : cela lui paraît nettement plus pratique que d'aller chercher du bois dans la jungle ! Il prépare la pâte pour les chapatis[1] et pense à sa mère qui les réalise à merveille.

À sept heures pile, c'est le réveil des touristes. « *Tea time* », murmure Dawa, accroupi devant la première tente. Pas de réponse. Il répète, un peu plus fort. Le bruit d'une fermeture éclair, puis une tête ébouriffée apparaît dans l'entrebâillement de la tente, cheveux châtain clair et barbe naissante. Khamsu est frappé par le regard bleu azur du client. Il n'a jamais rien vu de tel.

« *Sugar ? Milk ?* » Accroupi, Dawa ajoute une cuillère de sucre et présente la tasse des deux mains en s'inclinant, à la manière traditionnelle des Népalais d'offrir quelque chose. Le geste d'offrande est important et jamais anodin. Une deuxième tasse est servie au compagnon de l'ébouriffé, avant que le garçon ne passe à la tente suivante. C'est le premier contact direct entre Khamsu et les étrangers. Après le thé, les deux Sherpas apportent une cuvette d'eau par personne. Certains font leur toilette à l'extérieur. Un homme se dénude complètement. Bien qu'il ne soit visible que de dos, Khamsu est outré par tant d'impudeur.

La table est dressée en plein air. Elle comprend des céréales avec du lait, des pommes de terre, des chapatis, du beurre, de la confiture et du café, boisson que Khamsu ne connaît pas encore. Le jeune homme essaie

1. Galettes de céréales qui remplacent le pain, pour les Occidentaux.

d'être discret en les regardant prendre leur petit déjeuner, mais n'y parvient guère. Après s'être brossé les dents – ce que Khamsu n'a jamais fait –, les touristes bouclent leurs gros sacs, parés au départ. Les porteurs les chargent sur leur dos et se mettent en route. Pour des raisons d'acclimatation et pour limiter les maux de tête, l'étape sera courte. Tout le monde rejoindra donc directement le camp, en sautant le déjeuner. Les Occidentaux ont l'habitude de faire leur repas principal vers treize heures. Les Sherpas, eux, vont aux champs dès le lever du jour, l'estomac vide. Ils reviennent vers dix heures pour le repas principal qui est souvent l'unique de la journée. Dans l'effervescence du départ, l'équipe de cuisine en termine avec la vaisselle. Ce sont les derniers à partir et ils doivent marcher vite pour arriver avant les trekkeurs au camp suivant. Malgré une montée raide et le poids de leur charge, ils ne tardent pas à dépasser les Occidentaux. Au milieu de l'après-midi, le camp est installé. Une tente étroite et haute, montée à l'écart, intrigue Khamsu. Il découvre la fonction des latrines. Ne serait-ce pas plus simple d'aller faire ses besoins dans la nature ? Dawa lui explique que cette manière de procéder est bien plus hygiénique : le trou dans lequel s'accumulent les excréments sera rebouché avec de la terre, et il ne subsistera plus rien.

15

Premiers émois

Le cuisinier lui accorde un temps de repos jusqu'à l'heure du thé. Il fait agréablement chaud, malgré l'altitude. Khamsu s'éloigne du camp. Assis en tailleur sur une pierre plate, il parcourt des yeux les hauts pâturages où il a passé son enfance en compagnie des yaks et des moutons. L'énorme masse glacée du Chamlang se détache du ciel couleur feu. Il devine l'arête crénelée de la montagne sacrée de son village, demeure des divinités protectrices. Cet endroit est propice à la méditation et Khamsu commence à réciter les mantras, mais ses pensées reviennent sans cesse à ces touristes aux mœurs si étranges.

Il revoit en particulier une jeune femme dont le vêtement léger, très échancré, laisse entrevoir la rondeur de ses seins. Les filles sherpas sont toujours vêtues de manière à ne rien dévoiler de leur corps. Bien qu'il s'offusque de son attitude, il ne peut s'empêcher de ressentir une certaine excitation. Une douce chaleur lui monte le long de la nuque. La jeune femme a un visage ovale, un teint clair et pâle qu'il trouve bien plus beau que celui, large et foncé, des Sherpanis. Avec ses cheveux blonds qui tombent sur ses épaules et son regard clair, elle a tout d'une divinité. Sunderi Kéti, « la jolie fille », c'est ainsi que Dawa la surnomme.

Comme les étrangers ont des noms impossibles à prononcer et à retenir, les sherpas ont l'habitude de leur donner des surnoms en rapport avec leur physique ou leur comportement. Ainsi, l'ami qui partage la tente de la jolie fille est appelé Zungué, « le barbu ». Pour le couple plus âgé, c'est simplement Bazé et Bazu, « grand-père » et « grand-mère ». Le leader du groupe est un habitué du Népal et parle quelques mots de népali. Il partage sa tente avec Tablé, « le chauve ». Une femme, vue comme hautaine et arrogante, a vite été baptisée Gamandi, « l'orgueilleuse ». Sa compagne de tente, Hansné Bouri, « la femme qui rigole », a un sourire bienveillant qui plaît à tous.

Grâce à ces sobriquets, Khamsu reconnaît mieux chaque membre de l'expédition. Il n'ose pas encore les approcher et il évite de croiser leur regard. Il a honte d'être ce qu'il est, un petit paysan de montagne qui ignore tout du monde et pour qui ces Occidentaux représentent un grand sujet d'étonnement. Il prend conscience de la mauvaise qualité de ses vêtements et aimerait porter de beaux habits comme le sirdar. Même ceux de ses camarades de cuisine sont en meilleur état que les siens.

Le langage incompréhensible des touristes lui semble inarticulé, dépourvu de ces sons durs qui font le charme de la langue sherpa. Il s'interroge sur la manière dont ces gens riches le perçoivent. Le méprisent-ils ? La Gamandi, certainement, mais la Sunderi Kéti doit être différente. Elle a l'air si gentille. Serait-il possible qu'une telle femme puisse devenir l'épouse d'un Sherpa ? Il chasse rapidement de son esprit cette idée incongrue.

L'étape du lendemain est à nouveau très courte. L'emplacement du campement est agréable, mais il faut marcher une demi-heure pour trouver de l'eau. Avec une certaine crainte, Khamsu constate qu'à partir de là les versants situés à l'ombre sont enneigés. Il sait à quel point il est douloureux de marcher pieds nus dans la neige. Heureusement, dans l'après-midi, le sirdar distribue des baskets de l'armée chinoise à tous les porteurs. Elles ne sont pas très chaudes, mais c'est mieux que rien. Ses camarades ont des chaussettes, lui n'en a pas. Il n'en a d'ailleurs jamais eu. À seize ans, il n'a jamais porté de chaussures non plus. Il les essaie, surpris par cette étrange sensation d'avoir les pieds comprimés.

Après le coucher du soleil, la température tombe brusquement et les Occidentaux ont tous revêtu leur veste en duvet. Comme cela doit être plus confortable que sa robe en laine tissée ! Emmitouflé dans sa couverture, Khamsu passe enfin une bonne nuit. Les trois *kitchenboys* et le cuisinier dorment blottis les uns contre les autres, pour mieux résister au froid.

À l'heure du départ, le soleil franchit la ligne de crête et l'air se réchauffe. Déconcerté par ses baskets, Khamsu redoute de glisser là où le terrain est gelé, mais, bien vite, il s'habitue. La pause de midi a lieu près d'un petit lac aux eaux sombres. Les touristes s'y attardent un peu. Khamsu rêverait de faire de même, car il émane de ce lieu une empreinte divine, propice à la méditation.

Le soir, alors que le jeune homme ravitaille le camp en eau, Hansné Bouri s'approche de lui. Avec un large sourire, elle lui tend une paire de chaussettes épaisses. Confus, il ne sait pas s'il doit accepter, mais la femme insiste. Il finit par les prendre des deux mains, en s'inclinant respectueusement. La femme sourit. Maternellement, elle lui caresse la joue de sa main. Bouleversé par ce geste, Khamsu rougit et la quitte rapidement pour retourner vers le camp.

Le déjeuner est pris sur un dépôt d'alluvions. Le soleil pénètre dans cette gorge et la température devient enfin agréable. Lorsque les trekkeurs arrivent, Khamsu s'empresse de leur offrir du thé. Hansné Bouri s'adresse à lui, mais il ne comprend pas. Elle se désigne du doigt en disant :

« *Mary... and you ?* »

Khamsu imagine qu'elle lui demande son nom.

« Khamsu Sherpa, murmure-t-il timidement.

– Khamsu… Khamsu… », répète la femme pour le mémoriser.

Pourquoi cette dame s'intéresse-t-elle à lui ? La tête baissée, gêné, Khamsu poursuit le service. Chaque jour, par leur comportement, les étrangers lui réservent bien des surprises. En allant chercher l'eau à la rivière, il surprend un jeune couple en train de s'embrasser. Jamais les Sherpas ne feraient cela. Khamsu est choqué, mais il est aussi soudainement envahi de pensées impures. Il se voit lui-même enlacer cette jeune femme, belle comme une déesse.

Le lendemain, de gros nuages s'accrochent aux montagnes et voilent le soleil. Le repas servi en plein air et dans un froid glacial n'est guère agréable. Habitué, Khamsu essaie de ne pas en tenir compte, mais il a hâte de reprendre la route. À leur arrivée au prochain campement, les touristes s'enferment dans leurs tentes et n'en ressortiront que pour se rendre au réfectoire.

L'expédition atteint enfin le camp de base du Makalu avec, à la clé, une journée de repos. Un moment bienvenu pour les porteurs, car l'équipe de cuisine n'a jamais de répit, elle. Les plus jeunes touristes sont partis en excursion toute la journée. Seules Gamandi et Hansné Bouri ont préféré se reposer. Toujours affable, cette dernière se rapproche des *kitchenboys* et tente de communiquer avec eux. Dorje comprend un peu l'anglais et peut répondre à ses questions, alors que Khamsu se tait en rêvassant. Comment se fait-il qu'elle soit là, sans son mari ou ses enfants ? Ce n'est pas normal. Elle le regarde avec une réelle tendresse. Peut-être est-elle la réincarnation de Gyutrulma, la mère du Bouddha ?

Le chemin du retour est un réel bonheur. Le parcours, essentiellement en descente, permet à l'adolescent de courir une bonne partie du trajet. Les réserves de nourriture ayant été consommées, les charges sont plus légères. Les contacts avec les Occidentaux se font plus fréquents. Khamsu a le sentiment que tout le monde l'aime bien. L'expédition touche à sa fin. Il aura gagné quatre mille cinq cents roupies ! Une somme qu'il n'a jamais possédée ni même vue auparavant. Il fait ses adieux aux étrangers et reçoit un pourboire non négligeable. Hansné Bouri lui offre un pantalon légèrement trop long, mais, en le retroussant, il lui siéra parfaitement. Il aura ainsi une meilleure allure qu'avec son manteau tibétain ! Au moment de quitter sa bienfaitrice, Khamsu lui prend les deux mains et les appuie contre son front, tout en s'inclinant dans un respect total. La femme le relève, le serre contre son corps et lui dépose un baiser sur la joue. Aussi loin qu'il se souvienne, personne ne lui avait témoigné une telle tendresse, pas même sa mère. Il en est bouleversé et cette image le marquera à jamais.

Au cours de cette expédition, Khamsu aura appris qu'un garçon intelligent peut grimper rapidement les échelons et devenir sirdar. Certains resteront porteurs et finiront vieux avant l'âge, le corps marqué à vie par ces dures conditions. Il réalise aussi que, sans maîtriser l'anglais, il pourra difficilement évoluer dans ce milieu qui s'ouvre à lui.

Au terme du trek, un porteur lui raconte qu'il va aller travailler au Sikkim, dans le bâtiment, secteur où l'on peut gagner beaucoup d'argent. Il a été engagé par un commerçant de Khandbari. Tenté par cette perspective, Khamsu repart avec un contrat en poche.

Nul ne sait réellement ce qui s'est passé au cours de ces longs mois. Il n'aime pas en parler. Mais au village, tout le monde devine que ce fut la période la plus triste de sa vie, une vie d'esclave. Ses proches savent qu'il s'est fait voler l'argent durement gagné qu'il espérait rapporter. C'est donc honteux, déçu et sans le sou que Khamsu reviendra auprès des siens.

16

Mariage arrangé

Alors qu'il a tout juste dix-sept ans, Khamsu est promis à Dali, une jeune fille de la tribu Goperma de Gonthala. C'est un mariage arrangé par les parents. Elle est très belle. Même si elle lui plaît beaucoup, le jeune homme ne se sent pas encore mûr. Entêté, il fait de la résistance, aucun argument ne peut le faire changer d'avis. Il parvient à convaincre son père de l'envoyer à Katmandou. En s'engageant dans le trekking, il pourrait gagner beaucoup d'argent. Le mariage n'est pas si urgent que ça !

C'est la fin de la mousson. Son cousin de Gonthala est sirdar dans une grande agence. Il lui promet de l'embaucher sur trois treks successifs. Son salaire sera de quatre cents roupies, soit trois dollars cinquante par jour durant deux mois. C'est parfait pour un début. S'il fait ses preuves, il pourra participer à une expédition à l'Everest le printemps suivant. Le portage dans la cascade de glace est dangereux, mais rapporte gros.

Ses compétences sont vite reconnues. En quelques saisons, il se voit confier des missions de plus en plus intéressantes, mais son ascension hiérarchique est limitée par son manque d'instruction et sa piètre maîtrise de l'anglais. Fataliste, il se répète inlassablement « Ké garné[1] ».

Lors d'une expédition en 1981, Khamsu est responsable des porteurs. Il doit gérer leur itinéraire, les horaires, ainsi que leur nourriture. Les clients européens sont passés par une agence locale pour réaliser un trek dans le haut Dolpo au nord-ouest du Népal. Après un court séjour dans la capitale, les marcheurs arrivent par avion à Jumla. Sagar, leur sirdar, les accompagne. Khamsu et l'équipe au complet sont déjà sur place.

La mousson n'est pas encore terminée et, dès le départ, les sentiers sont difficiles et boueux. Il pleut plusieurs heures par jour. Les vêtements des porteurs sont mouillés en permanence. Après trois jours de marche, les ennuis commencent. La nourriture qui leur est réservée vient à manquer. Le sirdar n'a pas été suffisamment prévoyant lorsqu'il a acheté les stocks. Les porteurs sont furieux, ils menacent de faire grève et tiennent Khamsu, leur leader, pour responsable. Sagar rejette la faute sur ce dernier en l'accusant même d'avoir revendu la nourriture. Durant le reste de l'expédition, les querelles vont ternir l'ambiance. Pour Khamsu, l'amitié et la convivialité sont des valeurs fondamentales ; cette accusation est insupportable.

Au début des années quatre-vingt, les sirdars maîtrisant l'anglais avaient plus de chances de se faire engager par les Occidentaux que ceux qui ne parlaient que le népali, voire uniquement la langue sherpa. Pourtant, ces derniers étaient souvent d'excellents organisateurs et de grands connaisseurs du terrain. Incontestablement, Sagar n'était pas à la hauteur de la tâche et Khamsu en fera les frais.

1. En népalais signifie « Que peut-on faire ? »

Malgré son incapacité à parler la langue de Shakespeare, Khamsu progresse dans la hiérarchie. Après avoir été *kitchenboy*, porteur, chef des porteurs, le voici à présent sherpa : le métier de celui qui est capable de porter de lourdes charges en terrain difficile. À présent, malgré sa petite taille, il exerce ce travail en altitude qui requiert de plus grandes connaissances et aptitudes, notamment dans le maniement des cordes et des crampons. À vingt-trois ans, le jeune homme est capable d'installer des cordes fixes jusqu'à 8 000 mètres d'altitude.

Avec amertume, le père de Tendi se remémore cette autre expédition, toujours au début des années quatre-vingt : une hivernale au Makalu. Sur les flancs escarpés de la montagne, Khamsu s'agrippe à la main courante. Il se trouve alors juste en dessous de 5 000 mètres d'altitude, en pleine tempête. Une fois le camp de base atteint, les quelques Sherpas porteurs passent la nuit à grelotter dehors, blottis les uns contre les autres. Seule une bâche les protège. À dix mètres de là, sous une tente aménagée en réfectoire, les kuirés mangent de la soupe chaude et rient aux éclats, emmitouflés dans leurs grosses doudounes. Une fois que les himalayistes auront terminé leur repas, les Népalais pourront se partager les restes de nourriture et se calfeutrer sous la tente mess.

Lors de cette expédition, les porteurs ont dû se contenter de leurs propres tenues, totalement inadaptées à la haute altitude. À la même époque, au cours d'un trek autour du Dhaulagiri, Khamsu a vu l'un des siens mourir de froid et d'épuisement. Le Sherpa avait été surpris par la neige à plus de 5 000 mètres d'altitude. Les étrangers présents n'ont pas pris conscience qu'une expédition « bon marché » a forcément des répercussions sur les conditions de travail des sherpas.

Après chaque période de trek, Khamsu regagne son village. Sa mère compte alors sur lui pour aller s'approvisionner en plaine, notamment en riz, qu'il échange contre des pommes de terre.

Par obligation, il s'arrête dans la famille de Dali, sa promise. Lors des premières rencontres, Khamsu est un peu boudeur, il ignore cette jeune fille que ses parents ont choisie pour lui et discute avec le père, près du feu, Dali restant systématiquement à l'écart. Au fil des visites, les deux jeunes gens se rapprochent et, lorsque Khamsu est de passage, la jeune fille l'attend sur le chemin. Quelques gestes tendres, à l'abri des regards, éveillent en lui des sentiments plus profonds. Les parents ne veulent plus tergiverser. Les fiançailles sont prononcées. Cependant, le jeune homme ne se sent pas encore prêt et se réjouit déjà de repartir en expédition, mais il promet de se soumettre à la volonté de ses parents à son retour.

À l'Everest, Khamsu travaille en tant que porteur d'altitude. Il fait de nombreux va-et-vient entre le camp de base et le col Sud. Les passages dans la cascade de glace lui déplaisent tout particulièrement et il prie constamment pour que rien ne lui arrive. Ses rares moments de temps libre sont consacrés à la prière et la méditation. Il pense aussi à Dali, avec toujours plus de tendresse. L'image de sa promise prend souvent le dessus sur ses incantations.

Sur le chemin du retour, il achète un collier de turquoises d'origine tibétaine. Il se sent porté par son amour et c'est pratiquement en courant qu'il parcourt la dernière étape vers Gonthala. Au village, la famille est réunie à la hâte. Le chang coule à flots. Khamsu aime ce goût fermenté qui brûle sa gorge. Il en boit plus que de raison. Ivre d'alcool et de fatigue, il est entraîné par

Dali sur une natte, à l'abri des regards. Pour la première fois de sa vie, il se blottit contre le corps d'une femme. De sa femme, désormais.

Le jeune couple vivra durant un an chez les parents de Dali. Après leur mariage, ils s'installent à Saisima dans la famille de Khamsu. Immédiatement, la vie devient difficile. Ils sont trop nombreux dans ce petit espace. Le jeune époux envisage de construire sa propre maison. Mais avant cela, il érige un abri de fortune qui leur confère un minimum d'intimité durant les quelques mois que durera la construction. Ce qui devait être provisoire s'éternise. Les mois se transforment en années. Leur cahute est particulièrement humide pendant la mousson, glaciale durant l'hiver.

Chaque saison de trek, Khamsu s'absente et Dali doit s'en accommoder. Entre les soins du bétail, les cultures et la préparation des repas, la jeune femme doit aussi réunir les pierres et les transporter sur le lieu de la construction. Les plus gros cailloux sont brisés sur place pour obtenir des morceaux transportables. Il faut ensuite les tailler de manière à former des moellons utilisables pour l'édification des murs. Les déchets sont brisés en éléments fins pour servir de mortier. Ici, au fin fond du Népal, le ciment n'existe pas.

Le ventre de Dali s'est arrondi. La naissance de leur premier enfant ne saurait tarder. Les travaux deviennent de plus en plus pénibles. L'anxiété de la femme enceinte augmente. Chaque naissance est un réel bonheur, mais elle représente aussi un risque, car les femmes sont seules, aucun médecin ni sage-femme n'exerce dans la région. Les habitants de Saisima ont l'habitude de faire naître le bétail et, pour les humains, ils ne procèdent guère différemment. Si un malheur survient, c'est sans aucun doute la volonté des divinités.

Depuis un mois, Dali a cessé le transport des pierres. La jeune femme se limite à surveiller le bétail et à traire les vaches. Elle est justement accroupie lorsqu'elle ressent les premières douleurs. Khamsu prépare du bois à l'orée de la jungle. Affolé par les cris de sa femme, il accourt, mais une fois devant elle, il panique totalement. Les contractions sont de plus en plus rapprochées. Le futur papa court dans tous les sens. Il appelle sa mère. Avec autorité, la vieille dame l'éloigne et prend les choses en main.

Khamsu s'assied un peu plus loin et égraine son chapelet. Il implore le Bouddha pour que tout se déroule normalement. Les hurlements de Dali lui fendent le cœur. Son frère aîné et son cousin accourent avec un pot de chang pour le soutenir dans cette épreuve. Un long silence fait craindre le pire. Soudain, dans cette après-midi ensoleillée d'octobre, les pleurs du nouveau-né rassurent tout le monde. Les larmes jaillissent des yeux de Khamsu. Il se précipite auprès de sa femme et du tout-petit. Sa mère, qui vient de devenir hajur ama[1], lui présente son fils. Ému, il lance : « Cet enfant aura une magnifique destinée. C'est la volonté des dieux, j'en suis convaincu ! »

Dali allaite ce fils qui ne porte pas encore de prénom. Ce n'est que sept jours plus tard que les lamas le baptisent Pasang Tendi. Pasang, parce qu'il est né un vendredi, et Tendi, parce qu'ils en ont décidé ainsi. Selon les lamas, le 27 octobre 1983 présage un bel avenir. Qui sait ? Tendi est peut-être la réincarnation de Rinpotché[2]. Khamsu sent que son fils aura une destinée hors du commun.

1. Grand-mère en népalais.
2. Précieux en tibétain. Titre réservé à un lama réincarné.

En l'espace de quatre ans, Dali donnera à Tendi une sœur et un frère. Lakpa épousera Pasang Sherpa, un guide certifié *summiter* qui travaille aujour'hui avec Tendi. Nima deviendra moine, poursuivant ainsi un long cheminement spirituel.

Les plus lointains souvenirs de Tendi dans son village natal le ramènent à la dernière phase de construction de la maison. Chaque jour, il accompagne sa mère à la rivière. Le bambin aide au transport des petites pierres qui serviront à bâtir l'édifice. Son père lui a confectionné un doko[1] à sa taille. Les charges ne lui font pas peur. L'homme adore porter à tour de rôle Nima et Lakpa sur son dos.

Lorsque les matériaux sont enfin réunis, Khamsu fait appel à un maçon de l'ethnie rai. Les Sherpas sont de piètres artisans. Un menuisier d'une vallée voisine vient ajuster portes, fenêtres et toiture. Au milieu de la pièce, un carré de terre battue sert de foyer. Khamsu et Dali sont profondément religieux. Cette maison doit donc comprendre un autel domestique. Khamsu a ramené de ses treks des objets tels que des coupoles pour les offrandes, un encensoir, des photos de célèbres lamas et celle du vénéré Dalaï-Lama. Son recueil de mantras est posé respectueusement sur l'autel. Devant la porte de la maison, Dali dresse un darchen[2] où sont accrochés les drapeaux de prières.

Pour la jeune famille, cette nouvelle maison apporte un confort jusqu'alors inconnu. Khamsu espère qu'en hiver ils auront moins froid. Dali a repris la culture des champs pour apporter un peu de diversité à leur

1. Hotte en lanière de bambou de petite dimension retenue par un bandeau passant par la tête.
2. Mât supportant des banderoles imprimées de mantras.

nourriture végétarienne. À quatre ans, Tendi participe à tous les travaux domestiques. À défaut d'aller à l'école, les enfants travaillent à plein temps pour leurs parents et le reste de la famille.

17

Rester ou partir

Nous sommes en 1990. Chaque année, vers la fin septembre, à l'instar de nombreux sherpas, Khamsu quitte sa famille et rejoint la capitale pour se faire engager auprès des compagnies de trekking. Sirdar dévoué, il trouve facilement du travail et enchaîne souvent trois treks en l'espace de trois mois. Grâce à l'argent gagné, il achète des vêtements et des denrées qui améliorent notablement la vie des siens. Il passe l'hiver au village et, en mars, impatient, il retourne à Katmandou. Au printemps, les trekkings sont rares et les prétendants nombreux. Une fois sur place, c'est souvent la douche froide. Les postes sont pris par des sherpas domiciliés dans la capitale, ou qui sont arrivés avant lui. Khamsu doit alors se contenter d'emplois subalternes pénibles et peu lucratifs, comme simple porteur. Depuis quelque temps, une idée fait toutefois son chemin dans son esprit : s'installer à Katmandou pour être embauché plus facilement pour les grandes expéditions.

Dans la vallée, la vie est particulièrement éprouvante durant la mousson. Il pleut abondamment et les sangsues sont omniprésentes. Les villageois vivent avec la crainte permanente que les animaux sauvages saccagent les plantations. Si les terres de Saisima produisent du maïs, de l'orge, des pommes de terre et quelques autres légumes, l'alimentation est insuffisante et surtout peu variée. Il leur faut aller chercher du riz et des lentilles dans les terres rais, plus bas dans la vallée. Mais les nombreuses familles rais vivent souvent aux limites de l'autosubsistance et elles n'ont aucun excédent à vendre. Khamsu et les siens doivent donc se rendre plus loin, dans les riches rizières d'Imchung, à trois jours de marche, ou même jusqu'à Khandbari, le chef-lieu du district, situé deux jours de marche plus loin.

C'est souvent toute la famille qui participe à cette corvée. Lourdement chargés, ils parcourent de grandes distances, de l'aube au coucher du soleil. Quand la récolte est généreuse, ils apportent leurs excellentes pommes de terre en basse altitude. Une monnaie d'échange idéale, car elles sont très savoureuses. Enfant, Tendi affichait une certaine fierté à participer à ces expéditions. Sa charge restait toujours adaptée à son âge.

Face à ces pénibles conditions, comment ne pas rêver d'une vie meilleure ? Khamsu est obsédé par l'idée de s'établir à Katmandou, mais n'ose pas en discuter avec son épouse. Il pèse constamment le pour et le contre. De retour à Saisima après une saison de trek, il trouve Dali alitée, très malade. Les lamas sont venus lui faire des incantations et un dhami[1] décide même de sacrifier une poule. Dali se rétablit doucement, mais Khamsu est convaincu que la maladie de sa femme est en lien avec une faute qu'il aurait commise lors d'une dernière escapade en plaine. Des remords terribles l'assaillent, qui le font davantage se plonger dans les prières. Pour se faire pardonner, il passe beaucoup de temps au gompa, mais aussi devant son autel domestique.

1. Chamane en népalais.

Tendi vient d'avoir sept ans. Il participe à la garde des troupeaux dans les pâtures en bordure de la jungle. Il aime ce travail en contact étroit avec la nature. Il apprend à identifier les baies comestibles dont il se régale et sait reconnaître quelques champignons qu'il rapporte à la maison. Khamsu se rend compte que, sans instruction, Tendi devra se contenter de suivre la même voie que lui. Difficile de gravir les échelons lorsqu'on peine à lire et à écrire. Cette vision, qu'il associe à un échec social, le hante. Il se résout à en parler à Dali : « Tendi doit aller à l'école. Tu vois bien qu'il est plus intelligent que les autres. »

La première école se situant à deux jours de marche du village, le jeune garçon est confié à une famille sherpa habitant à moins d'une heure de l'établissement scolaire. Pour payer sa pension, Tendi doit participer aux tâches de la maison : faire la vaisselle, prendre part au nettoyage et aller chercher le bois pour le feu. Le couple ne l'autorise à prendre le chemin de l'école qu'une fois ces besognes terminées. Durant deux ans, Tendi essaie de tirer un maximum de cet enseignement scolaire. Il progresse à vue d'œil. En revanche, la cohabitation avec les élèves d'autres ethnies, Rais et Tamangs, se passe mal. Il est souvent mis à l'écart et traité de bothé[1]. S'il reçoit régulièrement des coups de camarades plus grands, il ne se plaint jamais, même lorsqu'il rentre auprès des siens, à Saisima, une fois par trimestre.

Le sentant malheureux, ses parents l'inscrivent à l'école des moines de la région. Durant cinq ans, aux côtés d'enfants plus âgés que lui, il apprend les textes sacrés. Le monastère est dirigé par son grand-oncle et son grand-père, tous deux lamas. Vêtus de leur toge

1. Nom donné aux Tibétains ayant émigré au Népal.

bordeaux, les enfants pratiquent chaque jour, de neuf heures à quatorze heures, l'écriture et la lecture des mantras. Dès le début de son cursus, Tendi se passionne pour le sanskrit. Il s'applique à inscrire sur les pierres *Om mani padme hum* afin de renforcer l'effet protecteur de ce mantra. En le récitant, le garçon invoque l'attention puissante et bienveillante de Chenrezig, l'expression de la compassion du Bouddha.

Une fois les fondamentaux assimilés, les enfants énoncent les cantiques d'une même voix, parfois durant des heures. Le rythme de la récitation plonge les jeunes pratiquants dans un état de transe où plus aucune pensée ne les traverse. Lorsqu'ils émergent de ce moment hors du temps, ils se sentent imprégnés de paix et de sérénité. Plus tard, Tendi est rejoint sur les bancs du gompa par son jeune frère, Nima, qui vouera sa vie à la prière.

Le foyer de la famille vit au rythme des rites bouddhiques ; la nature spirituelle de chacun est respectée, tous sont épanouis. Khamsu est toujours obstiné par l'idée de s'installer à Katmandou, même s'il sait que la plupart des Sherpas établis dans la capitale vivent dans une misère totale. Les revenus de trois ou quatre mois d'expéditions ne suffisent pas à payer un logement et faire vivre toute une famille. Certes, quelques rares Sherpas ont créé leur propre agence, mais la concurrence est rude et le succès, aléatoire. Khamsu pense particulièrement à la santé fragile de Dali. Katmandou regorge de médecins et d'hôpitaux, mais, sans argent, comment accéder aux soins ? En restant au village, ils n'auront d'autre choix que de faire appel à des guérisseurs qui, bien souvent, abusent de la crédulité des habitants et parviennent à leur soutirer leurs rares richesses. Il est courant qu'ils ordonnent des sacrifices d'animaux – ce que la religion bouddhiste réprouve –, n'ayant ensuite aucun scrupule à s'approprier la viande donnée en offrande.

Les arguments de Khamsu en faveur d'un déménagement à Katmandou se précisent. En restant au village, impossible de prouver ses compétences ou de tisser des liens de confiance avec les patrons d'agences, condition sine qua non pour être engagé comme sirdar. Sa décision est prise, mais Dali le supplie d'attendre encore un peu, persuadée qu'elle aura plus à perdre qu'à gagner en s'installant dans la mégapole.

18

Profession sherpa

Tendi a treize ans lorsqu'il visite la capitale pour la première fois. Ses grands yeux bruns sont collés à la vitre du bus pour ne rien perdre de cette fourmilière humaine. Jamais il n'avait vu autant de monde et de véhicules. Son cerveau tente de tout enregistrer. Il pose mille et une questions à son père.

En sortant de l'autocar, le contact avec le bitume le surprend. Khamsu le tire par le bras en lui disant qu'il ne doit plus marcher pieds nus, mais Tendi ne porte pas de chaussures. Il n'en a jamais eu. Son père a économisé un dollar – une grosse somme, à l'époque –, pour lui offrir sa première paire de souliers, essentielle pour commencer son activité de porteur dans le Langtang. L'adolescent sort d'une petite boutique du quartier de Thamel, sourire aux lèvres et sandales aux pieds. Il déchante rapidement et son visage se crispe. À chaque pas, les lanières le gênent, ses orteils s'échappent, ses talons sont en feu. Il a l'impression de devoir recommencer à apprendre à marcher. Après une heure de déambulation dans les rues, de grosses ampoules se forment.

Son père commence à avoir un beau carnet d'adresses, d'autant plus qu'au milieu des années quatre-vingt-dix les compagnies de trek commencent à proliférer à

Katmandou. Sans difficulté, il décroche un premier emploi pour son fils auprès d'un sirdar qu'il connaissait de vue. Le premier jour du trek, Tendi range ses sandales neuves au fond de son doko et il continue pieds nus. Malgré sa modeste taille, il est déjà robuste et le sirdar lui confie une charge d'une vingtaine de kilos. Durant les vingt-six jours de trekking, Tendi va essayer d'apprendre un maximum de mots d'anglais. L'un des clients lui enseigne comment écrire son prénom en caractères latins. Jamais il n'avait rédigé autre chose que des textes sacrés en sanskrit. Dès qu'il peut poser sa lourde charge, il s'entraîne avec un caillou pointu à former les lettres T E N D I sur toutes les pierres plates qu'il peut trouver. Très vite, il est capable de prononcer quelques phrases simples en anglais.

Le terrain le contraint à se concentrer davantage sur ses pas. Au passage d'un col, à 5 400 mètres, il remet ses sandales, mais la sensation est encore pire que lorsqu'il évolue pieds nus. Les semelles n'adhèrent pas. Il se tord les chevilles en permanence. La suite de l'itinéraire se transforme en calvaire. Tendi repart avec une trentaine de dollars en poche, mais, comme il doit payer sa nourriture, il n'a pas beaucoup économisé. De retour à Saisima, il donne son argent à sa mère et en garde une partie pour financer les cours d'anglais qu'il prévoit de suivre. Sa motivation n'a jamais été aussi grande.

Un an plus tard, l'adolescent est engagé en qualité de porteur pour un trekking de plusieurs semaines dans la région du Khumbu, au cœur même des terres sherpas. En arrivant dans la vallée, il est émerveillé par les imposants sommets. L'Everest se tient devant lui, majestueux. Il repense à ce que son grand-père lui a appris : longtemps, les Sherpas n'escaladaient pas les montagnes, car c'était le domaine des esprits et des dieux. Du haut de ses quatorze ans, il sait pourtant qu'un jour il travaillera là-haut.

Son jeune âge et sa facilité de contact sont des atouts de taille pour tisser des liens avec les étrangers. La saison suivante, le responsable d'une agence lui propose un travail qui semble à sa portée. Quatre touristes allemands ont organisé un trek sans guide. Ils cherchent un sherpa pour porter leurs bagages : une vingtaine de kilos, soit cinq kilos par personne. Tendi touchera quatre cents roupies, soit trois dollars cinquante par jour, assorties, il l'espère, d'un bon pourboire.

Le trek se déroule au nord de Katmandou, dans la région de l'Helambu. La marche s'annonce relativement facile, courte et variée. Les Allemands dormiront chez l'habitant, une possibilité qui était offerte aux marcheurs avant l'existence des lodges. Cela évite d'emporter un lourd matériel de bivouac. L'itinéraire serpente à travers des forêts de rhododendrons et de bambous verts. Un parcours poétique à la portée de tous, sans grand dénivelé. Tendi se réjouit d'arpenter les terres des ethnies Tamang et Yolma. Il sait qu'il pourra également se recueillir en passant par les nombreux temples et monastères présents le long de l'itinéraire.

Dès le départ, Tendi comprend que son travail sera compliqué. En l'absence de sirdar, les touristes distribuent eux-mêmes les rôles et, sans même lui adresser la parole, les Allemands le chargent de porter la totalité du matériel. Les vingt kilos annoncés sont largement dépassés. Tendi n'ose rien dire en réalisant qu'ils ne dormiront pas en lodge, mais sous des tentes. Penaud, il tente de charger les énormes sacs sur son doko et sent les marcheurs s'impatienter.

La charge est si lourde que l'adolescent ne parvient pas à garder l'équilibre. Impossible de marcher au même rythme soutenu que les trekkeurs. Le sentier grimpe en escalier le long d'une conduite d'eau. Chaque pas lui demande un effort extrême. Tendi est habitué au portage, mais, dans cette situation, il se sent traité comme une bête de somme. Après la traversée du dernier village, le chemin pénètre dans la jungle. Même si ce dernier devient moins délicat, les trekkeurs avancent trop vite. Tendi ne parvient plus à les suivre. Il a mal partout. Chaque foulée est une torture. Les muscles de son cou durcissent aux limites de la crampe. Pour ne pas concentrer tout le poids sur sa tête, il se penche en avant. Ses lombaires sont en feu. Il cherche désespérément un emplacement où poser un instant sa charge. Au sommet de la montée, il trouve enfin un endroit propice à une halte, mais il réalise que les touristes ont quitté son champ de vision depuis longtemps et qu'ils ont sans aucun doute une bonne longueur d'avance.

La crête franchie, Tendi se dirige vers un village et retrouve enfin les marcheurs qui l'attendent, exaspérés. Un homme lui exprime son mécontentement en allemand. Le jeune porteur ne sait que répondre. Ils montent leurs tentes sans se soucier davantage de leur jeune employé. Tendi trouve alors refuge pour la nuit dans une maison voisine. Il peine à s'endormir, tant il est écœuré par le comportement de ses clients. Il entreprend un cycle de respirations profondes, tout en visualisant la bonté du Bouddha. Une demi-heure plus tard, enfin calmé, il sombre dans le sommeil.

Le lendemain, le corps meurtri par les efforts de la veille, Tendi ne parvient toujours pas à suivre le rythme soutenu des touristes. Il les perd rapidement de vue et, ne connaissant pas l'itinéraire, il est contraint de demander aux habitants qu'il rencontre s'ils les ont vus passer. Une fois revenu à leur niveau, son retard lui donne une nouvelle fois droit à des reproches. Au cours du troisième jour, dans la jungle, loin de tout village, Tendi arrive à une bifurcation. Quel chemin prendre ? Le groupe ne lui a laissé aucune indication. Au hasard, il choisit celui de droite.

Après une heure de marche, il atteint enfin un village et se renseigne. Aucune trace des étrangers. Il revient sur ses pas jusqu'au fameux croisement et prend cette fois la bonne direction. La nuit tombe et, sans lampe frontale, il ne voit pas où il pose les pieds. Un faux pas l'entraîne dans une chute. Sa trop lourde charge l'écrase. Tendi est à bout de forces. Des larmes coulent sur ses joues. Il tente de reprendre son fardeau, mais ses sanglots le paralysent. Son esprit doit impérativement se calmer. Que ferait l'oncle lama dans pareilles circonstances ?

Tendi prend une profonde inspiration, tient son buste bien droit et commence à réciter des mantras. Ses *Om mani padme hum* se répètent dans la froideur de cette forêt inhospitalière. Concentré sur sa respiration qui donne du corps à sa prière, lentement, l'adolescent retrouve l'énergie qui lui manquait.

Il reprend son chemin, un brin apaisé. Combien de temps est-il resté là ? Il ne saurait le dire. Bien trop longtemps pour les marcheurs qui l'attendent de pied ferme à l'étape suivante, transis de froid, tous leurs vêtements chauds se trouvant dans les bagages portés par Tendi. Le porteur apparaît enfin et doit maintenant affronter les trekkeurs. Furieux, ils hurlent, brandissant des menaces que le jeune homme devine. L'un d'eux le saisit et le secoue brutalement.

En cherchant un abri pour la nuit, Tendi rencontre un ami de son père. Une boule dans la gorge, il lui révèle ses mésaventures. Le lendemain, avec autorité, ce sherpa contraint les touristes à engager un deuxième porteur sur-le-champ. Le travail est facilité par cette charge allégée de moitié, mais la suite du trek n'en restera pas moins désagréable. À chaque occasion, Tendi continue de se faire rabrouer et menacer. Désemparé, il rentre chez lui à la fin de ce trek cauchemardesque. Khamsu s'en veut terriblement d'avoir confié son fils adolescent à un responsable local sans scrupules, ayant lui-même déjà constaté que certains touristes engagent parfois au pied levé de prétendus sirdars aux maigres connaissances des itinéraires et n'ayant aucun état d'âme à charger les jeunes porteurs.

19

L'exode

Khamsu confie son bétail et ses terres à sa mère et ses frères. Il ferme la maison qu'il a bâtie de ses mains. L'instant est solennel. Les quelques villageois sont rassemblés pour souhaiter bonne chance à la petite famille. Les nonnes bénissent les enfants. Le père de famille vérifie une nouvelle fois le chargement. Il est convaincu que partir est la meilleure solution et, pourtant, il sait que quitter Saisima brise le cœur de sa femme.

À dix-sept ans, Tendi se charge du matériel lourd et encombrant. Nima, de deux ans son cadet, porte également un maximum d'affaires. Déjà très pieux, il récite des mantras tout au long du chemin, ce qui semble considérablement alléger son fardeau. Lakpa va avoir treize ans ; elle s'est confectionné un doko à sa taille pour ses affaires personnelles. Ainsi chargée, la famille Sherpa effectue une marche de sept jours avant d'arriver à Hile, la localité où elle prend l'autocar. Lakpa grimpe à l'arrière et se blottit contre sa mère. Jamais l'adolescente n'a vu autant de monde. Dans un raffut indescriptible, le véhicule bondé démarre et se balance de tous les côtés, la route étant truffée d'ornières. Khamsu et les garçons, assis sur le toit, s'agrippent aux barres de fer sur lesquelles les bagages sont solidement attachés. Au passage de chaque trou, ils décollent de plusieurs centimètres en riant aux éclats. Dans ces conditions peu confortables, le trajet durera près de vingt-quatre heures pour atteindre enfin Katmandou.

Nous sommes en l'an 2000 et la capitale ne donne pas envie de s'y installer. Déjà 700 000 habitants grouillent dans cette fourmilière. Cette surpopulation est la conséquence de l'ouverture du pays en 1951, date de la chute de la dynastie Rana qui a imposé un régime totalitaire pendant un siècle. Depuis, les Tibétains sont arrivés en nombre, les Indiens d'Uttar Pradesh et du Bihar ont trouvé du travail sur les chantiers. Après l'ascension de l'Everest par Sir Edmund Hillary et Tenzing Norgay, en 1953, le tourisme se profile comme l'activité à développer. Des Cachemiri s'installent également pour tenter leur chance. Dans cette même lancée, de nombreux Sherpas quittent leur vallée. En cinquante ans, la mégalopole s'est développée de manière aussi rapide qu'anarchique.

Le pécule que Khamsu a gagné lors de sa dernière saison à l'Everest leur permet de louer une maisonnette dans un quartier populaire de la capitale. Dali est désenchantée. La bâtisse est vétuste. Les murs sont froids et humides. Il n'y a ni électricité ni eau courante. Pas de toilettes non plus. Les besoins se font plus loin, dans une petite rivière jonchée de détritus et d'excréments. Cette première nuit, ils dorment à même le sol, se serrant les uns contre les autres pour se tenir chaud. Tendi console sa petite sœur qui pleure en silence pour ne pas chagriner davantage sa maman.

Il fallait s'y attendre, la vie est difficile. Très vite, les maigres réserves fondent comme neige au soleil. La nourriture fait défaut. En pleine ville, récolter les légumes du jardin est une chimère. Tout doit être acheté. Les menus sont systématiquement composés de pommes de terre ou de tsampa. Seules les épices mettent un peu de couleur dans ces plats fades. Malgré ce rationnement, Dali doit attendre la nouvelle saison de trek pour que Khamsu puisse enfin rapporter un salaire.

Tendi aime l'école. Il étudie beaucoup. Le soir, à la faible lueur de la lampe à huile, il répète ses leçons. Il se réjouit de mieux apprendre l'anglais. Son père, qui n'a jamais été scolarisé, a uniquement appris les textes sacrés en sanskrit. Même après plusieurs années de pratique, Khamsu ne parvient toujours pas à échanger avec les Occidentaux. Il place donc de grands espoirs en son aîné. Nima vient d'avoir quinze ans. L'adolescent est placé dans un monastère de Katmandou, en route vers sa destinée de moine. Une bénédiction pour cette famille profondément religieuse et dont la tradition sherpa veut qu'au moins un enfant consacre sa vie à la prière.

Les mois passent dans la capitale où rien n'est agréable. À certaines périodes de l'année, Dali constate que Lakpa a du mal à respirer et tousse énormément. Elle pense d'abord à une bronchite mal soignée, mais ses amies du quartier affirment que la pollution est à l'origine de ses ennuis de santé. Il est vrai qu'une épaisse brume recouvre souvent la ville. La chaîne himalayenne, au nord, et le Mahabharat, au sud, placent Katmandou au milieu d'une forteresse naturelle qui empêche l'air pollué de s'évacuer. Les émanations s'échappent durant la journée, mais de faibles vents parviennent à ramener la pollution au-dessus de la capitale durant la nuit. Entre les voitures, les camions, les dizaines de milliers de mobylettes et les fumées des usines, notamment des fours à briques illégaux, difficile de trouver pire qualité d'air.

En 2000, Khamsu va faire une rencontre qui sera déterminante. Son frère, Gyeljen, qui est sirdar, lui présente un Suisse prénommé Armand avec qui il a déjà effectué trois treks. Depuis son premier séjour au Népal, deux ans auparavant, Armand apprend le népali de manière assidue. Pour Khamsu, pouvoir s'exprimer dans sa langue avec un étranger est inespéré. Grâce à cela, leur amitié devient de plus en plus solide.

À l'été 2001, Khamsu s'envole pour la Suisse sans un centime en poche. C'est la première fois qu'il pose le pied en Europe. C'est celui qu'il surnomme Saouji qui a pris en charge toutes ses dépenses. Ce dernier est très heureux de l'accueillir sur ses terres et de lui offrir un emploi saisonnier pour le seconder à la cabane des Audannes, un refuge de montagne situé à 2 500 mètres d'altitude, au-dessus de la station d'Anzère, dans les Alpes valaisannes. Le Népalais devient officiellement aide-gardien et apprécie ce dépaysement. L'homme est travailleur, mais peine à communiquer avec les clients du refuge et encore plus à retenir le moindre mot de français. Armand ne lui en tient pas rigueur. Durant plusieurs années, pour chaque saison estivale, il renouvelle son contrat.

Avec l'argent rapporté au pays, ainsi que le revenu généré par ses treks, Khamsu parvient enfin à payer le loyer d'un petit appartement. Tous se réjouissent de ce déménagement. Plusieurs familles logent dans l'immeuble. Dali cuisine sur le palier au moyen d'un réchaud à gaz. Les toilettes communes sont au rez-de-chaussée. L'année suivante, ils s'installent dans un appartement légèrement plus spacieux avec – luxe ultime – des toilettes sur le palier. Au fur et à mesure que ses gains augmentent, Khamsu améliore les conditions de vie des siens. Peu à peu, Dali se fait à l'idée de ne pas retourner à Saisima. Au fil du temps, leur situation financière devenant de plus en plus confortable, ils s'achètent un terrain sur lequel ils font construire une maison. Le monastère de Kopan trône au sommet de la colline qui domine leur nouveau quartier de la banlieue est de Katmandou. Khamsu et Dali s'y rendent chaque fois qu'ils en ont l'occasion.

Suivant leur exemple, d'autres familles du Khembalung migrent à Katmandou. Tsiring, le deuxième frère de Khamsu, abandonne à son tour le village, qu'il estime dépourvu de perspectives.

En quelques années, la vie du couple et de leurs trois enfants a bien changé. La maison compte trois étages et une grande terrasse sur laquelle un gompa et son autel conviennent parfaitement aux pratiques religieuses. Dali et Khamsu y passent beaucoup de temps. Le rez-de-chaussée est partiellement loué à une famille sherpa. Le reste permet d'entreposer le matériel de l'agence. La grand-mère de Tendi et l'une de ses tantes y ont également trouvé refuge. Le troisième palier comporte une chambre meublée à l'occidentale, réservée aux visiteurs. La journée est ponctuée de divers rites. Chaque matin, Khamsu et Dali font le tour des pièces pour encenser les occupants et les objets.

Cette maison est le symbole de la réussite sociale du patriarche. Elle lui donne l'occasion d'exprimer sa profonde générosité. De nombreux visiteurs y sont reçus, tant pour manger que pour dormir. Il n'est pas rare que Dali, aidée de Lakpa, cuisine pour plus de dix personnes. Régulièrement, des habitants du Khembalung frappent à leur porte. Une jeune Gurung qui doit recevoir des soins à l'hôpital séjourne chez eux pendant plus de deux mois. La communauté sherpa de Katmandou voit cela plutôt d'un mauvais œil, car il est rare d'accepter chez soi une personne d'une ethnie différente et, encore pire, d'une autre religion. La maison est spacieuse et ses occupants ne se soucient guère de leur confort. Ils se couchent où bon leur semble, sur un simple tapis ou sur une natte.

20

La recherche d'une vie meilleure

En automne 1998, Tendi se retrouve avec son oncle Gyeljen sur l'itinéraire d'accès au Mera Peak, un sommet de 6 476 mètres d'altitude situé dans la vallée de l'Hinku, alors qu'il travaille comme porteur pour une compagnie concurrente. Sa voix a mué, ses muscles se sont développés et il a gagné quelques précieux centimètres. C'est à cette occasion qu'il rencontre l'homme qui deviendra son mentor, celui qu'il considère comme son propre père, Armand, l'ami de Khamsu et l'un des clients de son oncle. L'expédition qui a engagé Gyeljen comme sirdar est composée de huit Suisses et Français. Ce Sherpa des temps modernes porte des jeans neufs, un sweat de l'US Navy et une paire de fausses Ray-Ban®. Malgré une connaissance toute relative de la haute montagne, de la neige et des glaciers, sa débrouillardise et son bon sens sont remarquables.

L'itinéraire pour accéder au camp de base du 6000 se déroule le long de sentiers bucoliques. Chaque pas est une bénédiction. La quiétude, la douceur et la beauté des paysages procurent à Armand un indicible bonheur. Ce dernier a grandi dans un petit village des Alpes suisses, face à des 4000 qu'il a presque tous gravis. À cinquante-huit ans, c'est son premier voyage au Népal et il tombe immédiatement amoureux du pays. Nicole, sa compagne que les Népalais nomment Saouni[1], se félicite de lui avoir proposé ce voyage.

Le panorama est exceptionnel. Plus la caravane progresse, plus le sentier devient escarpé. Un faux pas peut être fatal. Il faut redoubler de prudence. Tongs aux pieds, les porteurs évoluent tels des funambules.

Au onzième jour de trek, à Khare, alors que le groupe croise d'autres touristes, l'un des porteurs s'arrête à la hauteur des deux Suisses et pose un instant sa charge. Il les regarde dans les yeux comme pour attirer leur attention, joint les mains et s'incline lentement dans un signe de respect. « Namasté ! » lance-t-il. Un large sourire illumine ce beau visage d'adolescent. Il semble si jeune ! Saouji a l'impression que sa charge est bien trop lourde pour lui. Mais les traits détendus du jeune homme le rassurent. Le Suisse lui tend une gourde de thé. Le Népalais la refuse poliment, il préfère boire l'eau des ruisseaux, mais il accepte en revanche quelques fruits secs. Il tend alors sa main droite ouverte, posée sur la main gauche. Pour les Sherpas, ce geste de salutation d'offrande ou d'acceptation n'est jamais banal. Le jeune porteur rayonne. Saouji est frappé par le charisme qu'il dégage, un magnétisme de l'ordre du mystique. Le soir, au camp, Gyeljen lui apprend qu'il s'agit de Tendi, son neveu. Armand ne recroisera son chemin que deux ans plus tard.

En 2000, Gyeljen propose à Saouji et Saouni un trek inédit de vingt-cinq jours, loin des grands circuits touristiques : la très sauvage vallée du Khembalung, d'où lui

1. Patronne en népali. Féminin de Saouji.

et la famille de Tendi sont originaires. Il leur faudra cinq jours de marche pour atteindre le hameau de Saisima.

Quelques maisons en pierre se trouvent sur les flancs de ce vallon sans charme. La végétation alentour est dense. La vue est peu dégagée. Cela faisait deux ans que Gyeljen n'était plus retourné sur ses terres natales. La première personne à venir à leur rencontre est l'une de ses belles-sœurs, Sikima. Ils se saluent, les mains jointes devant la poitrine, en inclinant la tête, sans le moindre contact physique. Elle offre le chang, que Gyeljen accepte aussitôt ; les Suisses déclinent, préférant du thé.

La maison est sombre et glaciale. Au milieu de la pièce, un feu crépite. Assis sur le plancher, les enfants observent les étrangers à travers la fumée épaisse. Une vieille femme de petite taille entre en trombe ; c'est la maman de Gyeljen. Elle les dévisage, puis tapote avec tendresse la tête de son fils, avant de prendre ses mains dans les siennes. Leurs fronts se rapprochent et s'appuient l'un contre l'autre. Cette étreinte d'un genre particulier s'éternise. Bientôt, tout Saisima est réuni, ce qui ne représente guère plus que cinq ou six personnes. Gyeljen commence la distribution des vêtements que les Suisses ont apportés : chaussettes, caleçons, pulls, vestes chaudes…

Le lendemain, c'est le jour de la Gai Tika, la fête des vaches. L'ensemble des villageois se rend au gompa pour assister à un office religieux. Ils mettent des colliers de fleurs autour du cou des bovins et leur donnent du sel. Ces vaches sont les reines de la fête. Saouji se remémore les images de son enfance, lorsqu'elles effectuaient leur transhumance. Ici, il retrouve l'ambiance trop souvent disparue dans sa région natale, un grand nombre d'alpages ayant été transformés en pistes de ski. Nostalgique, le Suisse sent grandir en lui un vif attachement pour cette vallée reculée de la frénésie du monde.

Après une longue traversée à pied jusqu'à Jiri, puis un retour en bus à Katmandou, Gyeljen retrouve son neveu sur une terrasse de Durbar Square pour lui faire part de son dernier projet. Avec l'aide de Catherine, sa nouvelle petite amie anglaise, il est en train de fonder une agence locale de trekking qui assurera, dit-il, la fortune de la famille. Il en prendra la direction et Khamsu planifiera les expéditions. Tendi boit les paroles de son oncle. Peu de temps après, un étonnant prospectus avec un photomontage présente les deux frères en costume-cravate, bras levés, au sommet d'une montagne. L'agence est un échec. Gyeljen quitte officiellement sa femme et leurs quatre enfants pour suivre sa belle Britannique à Londres.

En cette année 2004, la situation politique est tendue dans tout le Népal. La guerre civile entre le pouvoir et les rebelles maoïstes n'en finit plus[1]. Elle porte de plus en plus préjudice au secteur du tourisme. De multiples étrangers renoncent à leur voyage, car le nombre de morts parmi la population atteint déjà dix mille. Dans certaines régions, la fréquentation touristique a chuté de moitié. Malgré ce contexte, Armand constitue un groupe de six marcheurs suisses, prêts à s'accommoder de la situation. Khamsu confie la gestion de ce nouveau trek au nord-est du pays à Tendi afin qu'il apprenne les ficelles du métier.

1. Le conflit armé entre le gouvernement, soutenu par la monarchie et les combattants de l'Armée de libération du peuple, a duré de 1996 à 2006.

Après quatre heures de route et une dizaine de contrôles de police, le groupe arrive à Trishuli Bazar. Horrifiés, ils découvrent qu'une partie du village a été incendié. Les maobadi[1] l'ont vraisemblablement détruit, en représailles contre les villageois qui auraient fourni de l'aide à l'armée. La gestion de l'expédition devient pour Tendi une lourde et d'autant plus complexe responsabilité. Malgré ses vingt-et-un ans, son autorité s'impose, tant auprès des porteurs et l'équipe de cuisine que face aux miliciens armés à qui il doit toutefois céder d'importantes sommes pour s'acquitter de l'impôt révolutionnaire. En d'autres termes, une rançon en guise de droit de passage.

Dans ce contexte d'insécurité politique et économique qui perdure, Saouji encourage Khamsu à créer sa propre agence. Le Suisse se chargera de lui envoyer des clients. Audantrek, fondée en 2005, est baptisée ainsi en référence au refuge des Audannes où leur amitié fut soudée. Tendi prend de plus en plus de responsabilités, pour devenir le directeur de l'agence.

Sur les bons conseils de Saouji, le jeune Sherpa développe un esprit et une éthique basés sur le respect et le partage. Il fidélise une équipe de porteurs tamangs. Ces derniers n'ont plus besoin de déménager à Katmandou pour obtenir du travail. Ils peuvent rester dans leur village jusqu'au début de la saison et sont ainsi moins tentés de s'installer en ville. En dehors des expéditions, pendant la mousson, les Sherpas établis à Katmandou sont souvent oisifs. À cette période, il est pratiquement impossible de trouver un emploi fixe. Tendi, lui, s'investit dans des cours d'anglais de manière intensive.

1. Membres du mouvement maoïste népalais.

Il parvient à décrocher un petit job dans un coffee shop. À chacune de leur rencontre, Tendi et Saouji deviennent plus proches.

Armand aimerait offrir à Tendi le poste d'aide-gardien à la cabane des Audannes, mais Khamsu tient à ses séjours en Suisse et n'a pas envie de céder sa place. Le Sherpa rechigne lorsque Saouji lui demande d'y renoncer pour Tendi, mais il finit par reconnaître que cela ouvrira sans doute des portes à son fils.

21

Le refuge des Audannes

Après l'oncle et le père, Saouji veut faire profiter Tendi d'un séjour formateur en Suisse. Le jeune homme pourra ainsi se forger une expérience inédite dans les Alpes suisses, tout en gagnant un peu d'argent à la cabane des Audannes. En été 2004, Armand l'invite donc sur ses terres.

Située au pied du Wildhorn, un sommet glaciaire de 3 248 mètres, la bâtisse en tôle ondulée blanche a une capacité d'accueil d'une trentaine de couchages. Elle surplombe un petit lac de montagne à deux heures et demie de marche de la station de ski d'Anzère en Valais. Armand, Marc et Jérôme, trois amis montagnards amoureux de leur région, ont fait construire la cabane au début des années quatre-vingt-dix. Depuis, Armand en assure le gardiennage. Nicole, sa compagne, vient souvent l'aider.

Du haut de ses vingt-et-un ans, Tendi se révèle immédiatement d'une grande efficacité. Faire fonctionner un refuge d'altitude n'est guère aisé et chaque employé représente un maillon indispensable. De six heures du matin à vingt-deux heures, le travail s'enchaîne. Le petit déjeuner doit être prêt avant que les alpinistes qui ambitionnent de gravir le Wildhorn ne soient levés. Il faut ensuite débarrasser la table, laver la vaisselle, faire les lits, puis s'atteler à la tâche ingrate de la journée : nettoyer les toilettes sèches. Tendi insiste pour le faire, mais, la plupart du temps, Armand s'en charge lui-même, n'aimant pas imposer cette corvée aux autres. La préparation des repas dure plusieurs heures. Le Népalais est passé expert dans l'épluchage des pommes de terre. Le végétarien bouddhiste peine à comprendre pourquoi Saouji cuisine autant de viande. Lui se contente amplement de soupe et de riz.

Tendi souhaite apprendre rapidement le français. Lorsque la cabane est peu fréquentée, Nicole lui enseigne la grammaire et lui fait répéter le vocabulaire. Avec Saouji, il discute de choses et d'autres, invente des situations qui nécessitent d'utiliser le vocabulaire technique montagnard. Le Népalais a déjà gravi trois fois l'Everest. Dès qu'un client l'interroge, il met un point d'honneur à raconter ses exploits en français. Même si son récit prend du temps, son auditoire boit ses paroles. D'ailleurs, de plus en plus d'intéressés montent jusqu'aux Audannes pour le rencontrer.

Cet après-midi de juillet, Armand est descendu en ville faire des courses. Généralement, cela prend toute la journée. Le ravitaillement est ensuite acheminé par hélicoptère. Tendi reste donc seul à la cabane. Le soleil se cache derrière les nuages, mais les températures sont clémentes. Les derniers clients sont partis, personne n'est annoncé pour la prochaine nuitée. Tendi, qui n'a pas encore eu le temps de gravir le Wildhorn, se dit que trois heures devraient largement lui suffire pour réaliser l'aller-retour, car seulement sept cent quarante mètres de dénivelé séparent le refuge du sommet. Il a dans un coin de sa tête l'idée d'établir un record de vitesse.

L'apprenti gardien part léger. La première partie de l'itinéraire serpente sur un chemin de terre abrupte.

Avec une bonne paire de mollets, le tour est joué en trente minutes à peine. La vue depuis le col des Eaux froides est habituellement spectaculaire, mais le brouillard est en train d'apparaître. Difficile d'apercevoir les 4000 d'en face. La partie intermédiaire de l'ascension requiert une certaine concentration. Des repères rouges peints sur les lapiaz sont particulièrement espacés. Tendi en manque certains, ce qui le contraint parfois à revenir sur ses pas. Une heure s'écoule avant qu'il ne s'engage sur le glacier. Il regrette de ne pas avoir pris de crampons. Il n'a pas jugé nécessaire d'en emporter, car le glacier n'est pas raide et ne comporte pratiquement aucune crevasse. Il glisse, chute parfois. La pluie qui commence à tomber rend le sol encore plus instable. Ses chaussures n'ont plus été imperméabilisées depuis longtemps. Ses pieds sont trempés. Les températures chutent drastiquement. Sa veste est bien trop fine pour lui permettre de se maintenir au chaud. Il décide de rebrousser chemin sans atteindre le sommet.

Mais le brouillard s'est encore épaissi. Tendi a beau regarder dans tous les sens, il ne voit rien d'autre qu'une énorme étendue de gris-blanc. Le voilà perdu sur un 3000, mort de peur, persuadé que sa dernière heure est arrivée. Il n'ouvrira la porte de la cabane qu'à la tombée de la nuit. Armand, qui venait d'arriver, s'apprêtait à alerter les secours. Tel un petit garçon pris en faute, le Népalais avoue qu'il a totalement sous-estimé l'ascension. Pour lui, le Wildhorn n'était qu'une petite colline, encore moins haute que le village de Namché Bazar ! Saouji lui fait la morale et se promet de lui transmettre toutes ses connaissances en matière d'alpinisme. De son côté, Tendi s'engage à faire preuve de respect et d'humilité envers toutes les montagnes, aussi petites soient-elles.

À son grand regret, Armand n'a jamais achevé sa formation de guide ; trois enfants en bas âge et un travail trop prenant à la police de la sûreté de Genève l'en ont empêché. Lorsqu'il parvient enfin à se dégager du temps pour envisager de s'inscrire, il a malheureusement atteint la limite d'âge. En revanche, il a passé une grande partie de sa vie à courir les Alpes. Il a été instructeur au brevet de patrouilleurs et chef de la sécurité sur les pistes de ski d'Anzère. Le sauvetage et les avalanches n'ont plus de secrets pour lui.

Ensemble, ils simulent des cas d'accidents, organisent de fausses opérations de secours, posent des diagnostics et prodiguent les premiers soins à des blessés imaginaires. Tendi pose beaucoup de questions. Sa soif de savoir est insatiable. Saouji est convaincu que le jeune Népalais fera un excellent guide, mais, avant cela, il doit faire ses preuves en orientation.

Au Népal, aucun de ses amis n'utilise les méthodes occidentales pour se repérer en montagne. Ils fonctionnent principalement en se fiant à leur instinct et à leur expérience. Saouji profite de conditions météo similaires à la désastreuse aventure de Tendi au Wildhorn pour passer à la pratique. Une carte dans une main, une boussole dans l'autre, le jeune Sherpa doit retrouver le refuge à travers un brouillard à couper au couteau. Sous la supervision de son professeur, il y parvient aisément. Le gardien lui demande ensuite de le guider sur le tour du Wildhorn, une randonnée de trois jours reliant plusieurs cabanes en terrain inconnu. L'apprenti prend son rôle très au sérieux et relève parfaitement le défi. Dès qu'il le peut, Tendi part en excursion avec les guides de la région. Ces derniers le font grimper sur des rochers d'escalade et lui font découvrir du matériel dernier cri. Il fera le guide sur plusieurs 4000 dont la Dent Blanche, une pyramide de gneiss aussi belle et technique que le Cervin.

Le carnet d'adresses de Tendi s'épaissit. Lorsqu'il descend à Anzère, tout le monde veut l'inviter. Il découvre les raclettes, la fondue et refuse poliment les plats de viande séchée, la grande spécialité du canton. Les Valaisans lui versent systématiquement un verre de vin. Ses nouveaux amis semblent toujours un peu déçus qu'il ne trinque pas avec eux. Le Népalais peine souvent à les comprendre, car ils s'expriment trop vite et avec un fort accent. Le jeune homme donne le change en lançant tout sourire des « Oui Didi »[1] ou des « Oui Dai »[2].

Entre deux séjours en Suisse, Tendi fréquente l'Alliance française de Katmandou, conscient qu'une langue doit être parfaitement maîtrisée pour trouver de réelles opportunités. Dès qu'une expédition est achevée, il retourne sur les bancs d'école qu'il finance avec l'argent gagné. Lorsqu'il est de retour aux Audannes, les clients réguliers sont impressionnés par ses progrès. Saouji continue à lui enseigner de nouvelles techniques d'alpinisme. Ensemble, ils passent en revue tous les nœuds d'escalade, tous les types d'encordement et le Suisse lui fait bénéficier de toute son expérience en la matière. Assis à la table du réfectoire, le gardien griffonne quelques schémas pour lui expliquer comment installer et utiliser un mouflage[3], et comment employer d'autres systèmes d'auto sauvetage nécessaires au secours en crevasse. Debout au milieu de la pièce, Saouji lui montre ensuite comment franchir

1. « Oui grande sœur » en népalais.
2. « Oui grand frère » en népalais.
3. Système de hissage qui permet de soulever une charge grâce à plusieurs brins de corde, en démultipliant l'effort de traction.

une rimaye[1], comment progresser en corde tendue et en corde courte, puis il lui explique la manière idéale de poser des ancrages, des relais et, pour finir, comment effectuer un rappel efficace. À l'extérieur, Saouji cache des détecteurs de victimes d'avalanche que son apprenti doit retrouver en un minimum de temps. Armand lui présente quelques grands noms du sauvetage qui le prendront sous leur aile la saison suivante. Il ne fait plus aucun doute que Tendi veut devenir guide de haute montagne. Saouji l'encourage fièrement et l'aidera à financer cette formation.

1. Crevasse qui sépare un glacier de son névé ou un glacier de la roche.

22

Le yéti

Pour être un bon guide au Népal, il faut d'abord acquérir de l'expérience en tant que sirdar. En 2007, seule la réputation fait office de diplôme et Tendi a bien l'intention de faire ses preuves. Alors que le jeune homme attend toujours de savoir s'il sera pris comme aspirant guide, Armand lui demande de mettre sur pied un trekking d'altitude pour neuf personnes dans le Khembalung, au-delà de Saisima.

L'aventure démarre à Tumlingtar, une petite ville de plaine à l'est du pays, le point de départ pour remonter la vallée. Saouji vient de débarquer en avion avec un groupe de Valaisans. Khamsu, déjà sur place, prendra part à l'expédition et se laissera guider par son fils.

Tendi a déjà engagé le personnel nécessaire au succès du projet : une vingtaine d'hommes, pour la plupart originaires du Khembalung. Malgré le mauvais temps, le groupe parvient à remonter l'interminable vallée sans encombre. Un matin, la caravane traverse Yangden, le dernier village rai avant de pénétrer sur les terres sherpas. Fièrement, Tendi désigne l'école reconstruite grâce à Nepalko Sathi, l'association humanitaire que Tendi, Khamsu et Saouji ont fondée en 2005. Le gros œuvre est terminé, mais les pièces sont dépourvues de meubles. Tous les villageois se réunissent dans la cour pour remercier les initiateurs du projet. Dans l'euphorie générale, Khamsu distribue des vêtements collectés en Suisse.

Généralement, l'automne est une promesse de beau temps dans la région, mais, cette saison-là, un brouillard persistant s'accroche aux flancs de la montagne. Les sangsues profitent de cette humidité constante pour se greffer sur les jambes des promeneurs. Après une nuit passée à Gonthala, le groupe est en route pour Dobatak, situé à deux heures de marche. Un récent glissement de terrain rend l'accès difficile. Le passage du torrent se fait avec la boule au ventre, tant le pont suspendu est endommagé. Pour remercier les divinités d'avoir pu passer sur l'autre rive, Tendi fait tourner le moulin à prières[1] qui trône à l'entrée de la localité. Les vacanciers passent fièrement à gauche du mur de mani[2], tel que l'exige la tradition bouddhiste.

Dawa, un porteur de ce village, raconte que son père était gardien de la grotte de Khembalung, un lieu culte pour les Sherpas, qui a été le refuge de Guru Rinpoché, une réincarnation du Bouddha. Il propose aux marcheurs de la visiter. Tous s'enthousiasment, sauf Armand, qui fait l'impasse. Les acrobaties, très peu pour lui. Son arthrose à la hanche le fait de plus en plus souffrir. De plus, lors de sa dernière visite, un an auparavant, il a passé une heure dans cette cavité froide et humide, ce qui lui a valu un méchant rhume.

L'étroite caverne mesure plusieurs centaines de mètres. On en ressort à l'air libre, à la sortie du village.

1. Cylindre métallique gravé de mantras tournant autour de l'axe que constitue son manche en bois.
2. Muret de pierres entassées, sur lequel le mantra *Om mani padme hum* est peint.

Tels des spéléologues, les hommes pénètrent dans la faille jusqu'à une source d'eau sacrée. Dawa entame une longue prière. Tendi explique à son groupe que le porteur vient de perdre sa mère, gravement malade. Les prières du lama de Saisima n'ont eu aucun effet. Dawa a bravé la tempête pour rechercher des médicaments à Gonthala. En plein orage de mousson, le vallon était difficilement franchissable et, après des heures de lutte acharnée contre les éléments, il parvint à rapporter les précieux traitements nécessaires à sa mère. Malgré tout, elle mourut deux jours plus tard, dans d'atroces souffrances. Tendi conclut : « Ke garné ? La vie est dure dans ce pays ! »

La veillée du soir est des plus joviale. Tendi livre toutes sortes de légendes de façon théâtrale. Une manière de préparer ses amis à une immersion dans les croyances sherpas.

Avant d'atteindre Saisima, il faut traverser un autre pont archaïque qui menace à tout moment de s'effondrer. Les nombreuses khatas accrochées à sa rambarde sont censées apporter protection aux usagers.

Lorsque Tendi avait tout juste dix ans, il faillit perdre la vie à cet endroit précis. Ce jour-là, il vient de traverser le torrent pour faire paître les vaches sur l'autre versant. Alors qu'il joue dans la forêt, un violent orage éclate. En quelques secondes, des trombes d'eau accompagnées d'éclairs s'abattent sur toute la vallée. Les grondements du tonnerre le terrassent de peur. Les vaches s'affolent et courent dans tous les sens. Tendi tente de les faire passer à gué, mais l'une d'elles s'échappe et saute dans le torrent où l'eau, montée de façon soudaine, l'emporte sans lui laisser de chance. Courageusement, Tendi grimpe sur un rocher et saute au-dessus des flots tumultueux, pensant atterrir de l'autre côté de la rive. Ses pieds nus glissent sur la mousse trempée et il tombe à son tour dans la rivière. Emporté par les flots, l'enfant se bat tant qu'il peut, essaie de s'agripper à un rocher ou à une branche, en vain. Il ne sait pas nager. Il avale de l'eau, tousse, ses forces l'abandonnent. Le garçonnet pense que c'est la fin. Par miracle, il dérive dans une petite crique plus calme. Tendi puise dans ses dernières ressources, se met à genoux, se traîne vers un monticule de branchages, puis s'évanouit. Inquiet, son père, parti à sa recherche, le trouve après de longues heures. Il le hisse sur la berge, constate qu'il est bien vivant, le serre contre lui et pleure à chaudes larmes. Chaque année, la mousson revient avec son lot de risques pour transformer à jamais l'existence de quelques malheureux.

Après cinq jours passés sous la pluie, des sangsues plein les jambes, l'équipe arrive enfin à Saisima. Le campement est dressé à proximité de la maison de Khamsu. L'accueil est toujours chaleureux dans les villages, mais les cérémonies du chang sont parfois problématiques, car les Sherpas ont du mal à se modérer lorsque les femmes leur apportent cette boisson en grande quantité. La tradition est maintenue par les Sherpanis, alors que ce sont généralement elles qui souffrent de l'alcoolisme de leurs maris.

Lorsqu'ils travaillaient à la cabane des Audannes, Armand a souvent rendu Tendi attentif à ce fléau. Le Népalais le constate depuis longtemps : en montagne, l'alcool coule souvent à flots. Lui qui ne boit pas une seule goutte impose avec autorité l'abstinence à son équipe, au moins jusqu'à la fin du trek. Sermonnées par le jeune sirdar, les femmes reviennent donc avec du lait et du thé au beurre pour la cérémonie du « ché ché ché », au grand dam de certains porteurs, Khamsu le premier. Malgré le froid et le mauvais temps, Saouji se sent particulièrement bien à Saisima. Tendi prend alors son père de cœur par le bras. « Saouji, c'est là que je suis né. J'ai vu le jour dans cette maisonnette. »

Avant de partir pour leur périple dans la haute vallée, le groupe se rend au gompa pour assister à un office religieux qui attirera les faveurs divines sur l'expédition. L'itinéraire commence par une montée particulièrement pénible à travers la jungle. Le jeune sirdar veille à ménager tout le monde en imposant un pas lent et régulier.

Autrefois, les bergers empruntaient ce chemin pour mener les troupeaux sur les hauts pâturages. Aujourd'hui, le sentier est quasiment à l'abandon. À 3 800 mètres d'altitude, Tendi montre à son groupe un abri sous roche que les gens du pays appellent la grotte des lamini[1]. Tendi explique au groupe : « Il y a bien longtemps, une nonne a été dévorée ici par le yéti ! », puis précise qu'il ne s'agit pas d'une légende, mais d'un fait avéré.

Au cours de ces longues journées de marche, Tendi se lie d'amitié avec Nicolas Schneiter, un Valaisan au crâne rasé qui pratique les mêmes rites bouddhistes que les Sherpas et les Tibétains.

Pour Nicolas, ce trek représente un merveilleux cheminement spirituel. Marlène Galletti, qu'Armand a engagée pour renforcer l'équipe des *group leader* d'Audantrek, apprécie également cette connexion à une nature intacte. Fine connaisseuse du Népal et de ses différentes cultures, elle assure le lien entre le personnel népalais et les marcheurs occidentaux. Tendi et elle s'entendent à merveille. Son diplôme d'accompagnatrice en montagne lui permet d'expliquer aux clients tous les pièges de la marche en altitude. Bergère

1. Lama au pluriel, religieux qui officient.

et herboriste, elle entretient une relation intime avec les éléments et aime transmettre son savoir. Elle est aux petits soins avec les alpinistes, tenant également le rôle d'infirmière. Aux côtés de Tendi, elle assure la bonne cohésion du groupe, ce qui n'est jamais gagné d'avance compte tenu de grosses différences de personnalité parmi les participants.

Au-delà de 4 000 mètres d'altitude, la marche devient éprouvante, d'autant que chaque jour, vers dix heures du matin, le brouillard s'installe, plombant le moral des troupes. Marlène a appris plusieurs chansons à Tendi. Pour donner du baume au cœur à la délégation, il chante à tue-tête sa préférée : « J'entends le loup, le renard et la belette ». Le soir, malgré le froid et l'humidité, l'accompagnatrice a instauré un rituel pour détendre l'atmosphère. Autour d'un feu de camp, chacun lit à voix haute un passage du livre pour enfant *La Grenouille népalaise*. Lorsque vient le tour de Tendi, il lit son texte en français, en articulant plus que de raison.

Parfois, comme par miracle, le brouillard se déchire enfin pour laisser apparaître le majestueux Makalu, cinquième plus haut sommet de la planète. Pour les Occidentaux, la respiration commence à être difficile. Les porteurs, eux, évoluent en sifflotant, malgré leurs lourdes charges.

Les Suisses ont insisté pour découvrir ces contrées soi-disant peuplées de monstres, de fantômes et d'autres démons. Marlène, elle-même chamane, se réjouit de cette totale immersion dans ce monde de croyances.

Généralement, les Sherpas évitent de s'approcher des lacs qu'ils croient hantés. Tendi a d'ailleurs hésité à monter le camp près des eaux agitées, mais il est difficile de trouver un meilleur terrain. Au soleil couchant, les 8000 s'y reflètent. À la lueur de la lune, au coin du feu, Tendi raconte à ses clients une histoire véridique dont les écrits sont conservés au gompa de Saisima. Et il n'apprécierait guère que sa parole soit mise en doute.

« Il y a fort longtemps, ce lac était habité par des fantômes. Chaque soir, à la tombée de la nuit, l'eau s'agitait en gros remous et des flammèches s'élevaient dans les airs, avant de s'éteindre. Un soir de septembre, un jeune berger disparut. On dit qu'il s'était aventuré trop loin et avait été entraîné dans les profondeurs du lac. Craignant pour la vie de leurs enfants, les villageois demandèrent l'aide d'un lama qui vivait avec son épouse dans une grotte de la région. Ce saint homme, disait-on, avait le pouvoir de chasser les démons. Les habitants du Khembalung les accueillirent à Saisima. On ordonna une puja qui dura toute la nuit dans le vieux gompa. Les sons des cors et des tambours se répandirent dans la campagne et effrayèrent les fantômes des abords du village. Le chasseur de mauvais esprits semblait vouloir mettre toutes les chances de son côté. Tant de villageois avaient foi en lui. Suivi de sa femme, le lama partit d'un pas décidé vers la montagne. Nu-pieds, sans bagages ni nourriture, ils marchèrent d'un pas alerte. La nuit tombait lorsqu'ils atteignirent la grotte des lamini. Assis en tailleur, le couple déclama inlassablement des mantras. À l'aube, l'homme demanda à son épouse de rester dans l'abri jusqu'à son retour. Arrivé sur la crête dominant d'une centaine de mètres le lac maudit, le moine contempla le plan d'eau. Il semblait calme, parfois dérangé par quelques bulles qui venaient éclater à la surface. L'homme se dit que les fantômes devaient se reposer, mais l'idée le traversa qu'ils se préparaient peut-être à un douloureux combat. Le moine déploya des drapeaux de prières d'une crête à l'autre, il dressa un chörten[1] et déposa quelques offrandes destinées aux divinités dont il sollicitait l'aide.

Dans un état de transe, il enchaîna les mantras jusqu'au coucher du soleil. Lorsque la pénombre eut terminé d'envahir le vallon, le moine descendit en gesticulant et en hurlant des injonctions, provoquant les fantômes en les injuriant et en les sommant de quitter les lieux. Soudain, un vent violent le projeta à terre. Les bulles qui montaient des profondeurs devinrent de plus en plus nombreuses. Tel un geyser, de la vapeur jaillit de la surface et s'enflamma. Le lac était en feu. En gesticulant, le moine s'élança à nouveau vers le lac, mais une force obscure encore plus puissante le terrassa au sol, le contraignant à s'abriter derrière un rocher.

Sous la lumière blafarde de la lune, le moine aperçut soudain les membres décharnés des fantômes agitant les eaux sombres. Encore incertain de sa victoire, le religieux reprit sa litanie. Aux premières lueurs du jour, il s'approcha de l'étendue d'eau et constata qu'elle avait retrouvé sa quiétude. Le lama courut alors dans la direction des trois autres lacs et constata avec effroi que les fantômes en avaient aussi pris possession. Armé de courage, il poursuivit son rituel. Après un combat sans merci, les fantômes, fatigués et résignés, promirent au moine de laisser en paix les petits bergers. Deux jours plus tard, de retour à la grotte, il découvrit avec effroi les restes déchiquetés de son épouse, visiblement dévorée par le yéti ! »

Tendi poursuit en expliquant à son audience que la montagne est peuplée de bons et de mauvais esprits

1. Petit monument bouddhiste fréquent le long des chemins et près des villages.

qu'il faut impérativement respecter, et que les nombreux rites permettent d'apaiser leur colère ou d'implorer leur bienveillance.

La soirée s'achève sur les chants sherpas qui égayent l'ambiance et effraient, sans doute, les esprits encore présents. Au petit matin, les Suisses observent les quelques bulles d'air qui éclatent à la surface du lac.

Sur le chemin du retour, le groupe passe devant une autre grotte, un haut lieu tout aussi propice à la méditation, où Tendi rêve de venir s'isoler lorsque son emploi du temps le lui permettra. Sa grand-tante nonne vient d'y séjourner pendant cinq semaines. C'est d'ailleurs là que le yéti a été vu pour la dernière fois.

Un peu avant la naissance de Tendi, Phurba, son grand-père, également lama de Saisima, s'était installé dans cette grotte en compagnie de quatre autres religieux pour une longue méditation avant l'hiver. La neige avait déjà recouvert les environs de la région et il faisait particulièrement froid. Un matin, à une centaine de mètres d'eux, ils ont aperçu une forme humaine gigantesque, le dos tourné, accroupie, face au soleil, les bras le long du corps et s'appuyant sur le sol. Les religieux ont remarqué un crâne pointu aux longs cheveux tombant sur les épaules. De grandes oreilles bougeaient et s'orientaient dans tous les sens, comme pour capter d'éventuels sons. La créature ne les a pas remarqués. Épouvantés par cette vision, les moines ont détalé vers la vallée. Ils avaient vu le yéti ! Pour Tendi, aucun doute, l'abominable homme des neiges existe !

Le jeune sirdar raconte aux Suisses qu'en 1960 Sir Edmund Hillary a organisé une expédition de dix longs mois pour faire la lumière sur le légendaire yéti. Pour son enquête, il s'est rendu dans plusieurs temples censés abriter des reliques. Après analyses scientifiques, tout portait à croire qu'il s'agissait de restes d'ours et de bovidés. Avec tout le respect qu'ont les Sherpas pour le Néo-Zélandais, la plupart persistent à croire que le yéti est tout sauf une légende.

De retour à Katmandou, les Suisses effectuent un débriefing objectif portant sur le premier trekking de Tendi en qualité de sirdar. Ils ont apprécié le rythme de marche, la dimension culturelle du voyage et surtout son caractère exploratoire. L'une des femmes du groupe, une trentenaire qui a vraiment souffert du mauvais temps, précise toutefois qu'elle a eu l'impression d'être Alexandra David-Néel en progressant dans ces terres retirées, propices aux vibrations bouddhistes. Tous ont été étonnés de constater que la nourriture s'était avérée excellente et variée. À plusieurs occasions, les Occidentaux ont eu la bonne surprise de pouvoir goûter à des gâteaux « faits maison ». L'unique bémol concerne le confort, resté rudimentaire. L'équipe aurait apprécié pouvoir bénéficier de quelques accessoires tels que des fauteuils en tissu et des coussins. Tendi affiche un énorme sourire et affirme qu'il fera mieux la prochaine fois.

23

La force de l'ambition

Les résultats sont arrivés par courrier. Fébrile, Tendi demande à sa mère d'ouvrir l'enveloppe à sa place. La lettre ouverte sous les yeux, Dali saute immédiatement de joie. À vingt-quatre ans, son fils a obtenu le meilleur résultat des sélections pratiquées par l'ENSA, la prestigieuse École nationale française de ski et d'alpinisme installée à Chamonix-Mont-Blanc. Des instructeurs rattachés à l'institution viennent de mettre sur pied, à Katmandou, une formation destinée aux Népalais qui souhaitent devenir guides de haute montagne. Mais, tout au long de ce cursus, la concurrence est rude et, à chaque étape, des candidats sont éliminés. Certains ne manquent pas de rappeler à Tendi qu'il n'a pas fréquenté l'école bien longtemps et qu'il sait à peine lire et écrire.

Malgré ses lacunes scolaires et techniques, sa motivation est sans limites. Il doit tout d'abord s'initier à l'escalade en paroi et être capable de grimper du 6b en tête dans une voie équipée. Chaque jour, il s'entraîne sur une falaise de Balaju Park, non loin de Katmandou. L'achat d'une moto lui permet de gagner un temps précieux dans ses déplacements. Peu à peu, le jeune homme se frotte à des voies de plus en plus difficiles.

Durant ses deux années d'aspirant guide, ses instructeurs observent ses capacités d'escalade en rocher et sur glace. Ils le soumettent à des situations de sauvetage réelles où il doit démontrer toutes ses aptitudes. Pour complexifier l'affaire, la formation a lieu en dehors des périodes de treks et d'expéditions, soit pendant la mousson, soit en plein hiver, dans un froid humide.

Parallèlement, en 2008, il renouvelle son contrat avec les frères Benegas et leur agence Mountain Madness, ce qui lui donne l'occasion de participer à la préparation express des clients qui aspirent à conquérir les plus hauts sommets de la planète. L'aspirant guide leur apprend notamment l'importance des paliers, comme c'est le cas en plongée sous-marine. Il se charge également de la formation des sherpas, car eux aussi doivent se plier aux règles de sécurité imposées par l'agence.

Willie Benegas apprécie la maturité dont Tendi fait désormais preuve. L'aspirant guide a une manière de communiquer qui séduit son employeur. Les clients apprécient les explications qui accompagnent chaque geste, en particulier concernant leur sécurité. À 7 000 mètres passés, les conséquences d'une mauvaise utilisation de l'oxygène peuvent être dramatiques.

Cette année, les conditions de l'Icefall sont particulièrement stables. Tendi se rend compte qu'il traversait jusque-là la cascade de glace sans le moindre sens d'observation. Aujourd'hui, il est en mesure de mieux évaluer les dangers. Dans de bonnes conditions, l'équipe de Mountain Madness atteint facilement le sommet de l'Everest le 21 mai à 6 h 40. C'est la sixième fois pour Tendi.

Sur le chemin du retour, après avoir quitté le camp de base, Tendi passe une nuit à 4 400 mètres, dans le village de Phériché, encore situé dans la région du Khumbu. Alors qu'il dort profondément dans un lodge, épuisé par sa dernière ascension, il est brutalement réveillé :

« Tendi… Tendi… Un porteur est très malade. Viens vite ! On ne sait pas ce qu'il faut faire. »

Saila, un homme d'une petite vingtaine d'années, émet des râles. Tendi l'observe à la lueur de sa lampe frontale, puis il l'interpelle doucement : « Bhai, bhai, petit frère… » Il pose son oreille sur sa poitrine. Les difficultés respiratoires et les gargouillis qu'il entend ne laissent aucun doute : le porteur développe un œdème pulmonaire. Pour l'aspirant, une seule décision s'impose : il faut descendre l'homme le plus vite possible, afin qu'il perde un maximum d'altitude. Il vide le contenu de son sac et prend le porteur sur son dos, ce qui n'est pas une mince affaire puisque ce dernier pèse environ soixante-dix kilos. Pour faciliter le transport, l'aspirant guide confectionne un harnais en toile en forme de couche-culotte, un système D appris par ses instructeurs. Les montées et descentes successives sur l'itinéraire entre Phériché et Pangboché sont très éprouvantes.

Au lever du jour, il a déjà marché pendant quatre heures. Le malade perd régulièrement connaissance et se laisse aller d'un côté et de l'autre. Ces mouvements rendent le transport particulièrement pénible. Tendi espère que quelqu'un pourra prendre le relais, mais les sherpas qui le dépassent sont déjà très chargés et bien incapables de l'aider. Aucun touriste ne semble se préoccuper de la situation. Enfin, après six heures d'effort, Tendi arrive à Pangboché où il espère confier le malade au dispensaire. Malheureusement, celui-ci est fermé et les nappes de brouillard qui stagnent empêchent le vol éventuel d'un hélicoptère. Tendi demande de l'aide à deux sherpas, mais il constate bien vite que ceux-ci sont complètement ivres et d'aucune utilité.

L'état du malade se dégrade. Le seul moyen de le sauver est de descendre jusqu'à Tengboché. Tendi progresse le long de la rivière, puis emprunte un pont suspendu. Une fois l'ouvrage passé, il croise une expédition dont le médecin accepte de prodiguer les premiers soins au malheureux. Tendi se sent à bout de force, mais sa plus grande récompense est de voir le porteur lui sourire et le remercier de lui avoir sauvé la vie.

L'hélicoptère dépêché par ces étrangers croisés pour rentrer à Katmandou est complet. L'aspirant guide est aux limites de l'épuisement, mais personne n'est prêt à lui céder sa place et, de toute façon, monter dans cet appareil aurait été pour lui hors de prix. Il rejoint Lukla après un autre jour de marche et utilise une partie de son salaire, soit l'équivalent de quarante dollars, pour acheter un billet d'avion à destination de Katmandou. Arrivé chez lui, il dormira durant trois jours, se réveillant uniquement pour manger.

L'année suivante, le futur guide renforce ses connaissances médicales. De la théorie, il passe à la pratique en pleine zone de la mort. Le Sherpa est en train de redescendre du sommet lorsqu'il voit, en dessous du ressaut Hillary, un homme, somnolant, couché dans la neige. Des membres d'autres expéditions viennent de le dépasser dans une totale indifférence. Tendi active le pas jusqu'à lui. Il s'agenouille, porte son thermos aux lèvres de l'homme, règle son débit d'oxygène à la hausse, puis le force à se relever. Un petit groupe s'arrête alors à leur niveau pour prêter main-forte à l'apprenti guide. Trop lent dans son ascension, l'homme avait été laissé seul alors que ses camarades continuaient leur progression vers le sommet. Grâce à cette intervention, il aura finalement la vie sauve.

En 2015, Tendi réussit brillamment ses examens finaux. Le voilà guide de montagne, admis comme tel sur l'ensemble de la planète. Il doit cependant attendre la création de l'association des guides népalais reconnue par l'Union internationale des associations de guides de montagne pour recevoir officiellement son diplôme. Toujours sous le contrôle de professionnels occidentaux, les nouveaux guides népalais assurent à présent la formation des aspirants.

Pour célébrer à sa manière cette consécration et remercier le Bouddha, Tendi réalisera l'ascension hivernale de l'Ama Dablam en solitaire en un temps record ! En Suisse, Armand recevra ce texto aussi émouvant que surréaliste : « Je suis à 6 812 mètres d'altitude, au sommet de l'Ama Dablam. Namasté, Saouji ! »

Tendi rentre à la maison, fier d'avoir accompli tout ce dont son père avait rêvé pour lui. Le temps d'une génération, les conditions de travail et la reconnaissance des sherpas ont incroyablement évolué. Accéder au titre de guide international était tout bonnement impossible pour Khamsu, le petit paysan des montagnes du Khembalung.

TROISIÈME PARTIE

24

Provoquer le destin

C'est un rituel incontournable. Chez les Sherpas, les parents arrangent le mariage de leurs enfants dès le plus jeune âge. Khamsu et Dali souhaitent trouver une épouse pour Tendi, car, selon la coutume, une famille n'est accomplie que lorsque la descendance est assurée. Il va donc falloir lui trouver une Sherpani issue d'un autre clan. Autrefois, les enfants n'avaient pas leur mot à dire. À présent, les principaux intéressés sont consultés. Mais il n'est pas rare que ceux-ci, pour ne pas contredire leurs parents ou par peur de représailles, acceptent un choix qui n'est pas toujours le leur.

En 1997, Tendi a quatorze ans. Au cours d'une fête organisée, il fait la connaissance de celle que Dali et Khamsu ont choisie pour lui. Les parents de la jeune fille sont commerçants et jouissent d'une situation confortable. Difficile de trouver meilleur parti. En voyant pour la première fois sa promise, Tendi constate qu'elle n'est encore qu'une enfant. Paniqué, l'adolescent s'insurge. Il refuse catégoriquement de s'engager dans un tel projet !

Chaque automne, à son anniversaire, des candidates potentielles défilent à la maison. Des pères cherchent à tout prix à marier leur fille, offrant des dotes conséquentes. Un argument non négligeable pour Khamsu :

« Hier, j'ai croisé Tsiring du Solu. Rappelle-toi, je l'ai connu en expédition. C'est vraiment quelqu'un de bien. Il devient urgent de marier sa fille de seize ans. »

Tendi le coupe net :

« Je te l'ai dit mille fois. Avant de penser au mariage, je veux devenir guide de montagne et ma formation va durer plusieurs années.

– Mais tu n'as pas besoin de ça ! Notre agence de trekking commence à bien marcher.

– Cela ne me suffit pas. J'ai d'autres ambitions.

– Je te mets en garde. Si tu attends trop longtemps, tu ne trouveras plus aucune fille de libre.

– Ça n'a aucune importance ! Je n'épouserai personne avant mes vingt-cinq ans. »

Durant les treks, Tendi côtoie un grand nombre d'étrangers célibataires ayant passé les trente ans, ce qui l'interroge. Pourquoi ne pourrait-il pas attendre encore un peu, lui aussi ? Par ailleurs, il se rend bien compte que, régulièrement, des clientes plus âgées lui tournent autour. Cela le perturbe énormément, tiraillé entre des attirances parfois réciproques et son attachement aux traditions.

Face à l'insistance de ses parents, le jeune homme appelle Saouji en Suisse pour lui faire part de ses préoccupations. Il lui confie qu'obtenir son brevet de guide l'obsède bien plus que de courir les filles. Son père spirituel téléphone aussitôt à son ami Khamsu pour le persuader de laisser Tendi tranquille encore quelques années.

Au grand désespoir de Khamsu et de Dali, leur fille Lakpa résiste également à cette même pression. En réalité, elle a un amoureux secret, Pasang, mais elle craint qu'il ne soit pas accepté par ses parents. C'est un ami de Tendi, avec qui il réalise la plupart de ses ascensions. Le frère comprend parfaitement sa sœur et lui sert même d'alibi pour que les deux tourtereaux puissent se voir en cachette.

Après ses parents, c'est au tour de ses amis de s'y mettre. Lors d'une soirée en boîte de nuit, Dorje lui parle de sa cousine, Phuru, une jeune fille de dix-huit ans dont le mariage a été annulé. Il lui tend sa photo. Tendi fait mine de ne pas la regarder. Le portrait réalisé dans un studio la met pourtant très en valeur. Ses yeux en forme d'amandes illuminent son visage, ses pommettes hautes lui donnent des airs de mannequin. Dorje lui apprend que son oncle est un vétéran de l'Everest, douze fois *summiter*, que la jeune fille a fréquenté une bonne école et qu'elle travaille à présent dans une agence de voyages. Tendi lui rend la photo en lui disant qu'il n'est pas intéressé. Les mois passent, durant lesquels il pense souvent au visage de cette belle Sherpani. Il commence à se faire à l'idée qu'elle pourrait un jour devenir sa femme.

À vingt-neuf ans, son brevet de guide international en poche et riche de dix ascensions de l'Everest, Tendi peut maintenant envisager de s'engager. Son ami provoque alors une rencontre qui passe pour un vrai hasard. C'est le jour de Losar[1], le nouvel an tibétain, la principale fête religieuse des Sherpas. Comme la coutume l'exige, Tendi marche autour du stupa, récite des mantras tout en faisant tourner les moulins à prières. Devant lui, deux

1. Dans le calendrier luni-solaire, il s'agit d'une fête célébrée du 1er au 3e jour du premier mois lunaire, la plupart du temps en février.

jeunes gens avancent lentement. Tendi les rejoint. Dorje est en compagnie de la ravissante jeune femme de la photo. Tous trois s'éloignent du flot des pèlerins. Tendi reste sans voix. Devant cette beauté qui baisse timidement les yeux, il ressent une intense émotion. Ils se saluent, les mains jointes sur la poitrine : « Tachidélé… Namasté ». Tendi les invite sur la terrasse d'un café généralement fréquenté par les touristes. Les consommations sont chères, peu de Népalais peuvent se les offrir. Le jeune diplômé cherche à impressionner Phuru.

Malgré sa grande timidité, Phuru esquisse un large sourire. Elle rougit, puis baisse à nouveau la tête. Tendi se rend compte de sa gêne et engage la conversation avec Dorje afin de la tirer de l'embarras. Comme il la trouve belle ! Il aimerait toucher ses mains, mais n'ose pas. Son ami avait tout manigancé. Une demi-heure plus tard, il les entraîne au monastère voisin où il a fixé un rendez-vous avec un moine. Avant d'entrer, il demande tout de même aux deux jeunes gens s'ils sont d'accord pour le rencontrer. Tendi pense que tout va trop vite, mais ne dit mot. Il aimerait également que Phuru s'exprime. Elle acquiesce timidement. Tendi s'attend à rencontrer un moine âgé. Mais, à sa grande surprise, celui-ci a une vingtaine d'années. En fait, il le connaît déjà, car le religieux a fait ses études avec son frère, Nima. Il les accueille chaleureusement et les fait asseoir en face de lui. Le moine va évaluer si les conditions sont remplies pour un bon mariage. Après avoir murmuré quelques mantras, il pose des questions sur leurs origines et leurs dates de naissance. Il leur sert ensuite du thé au beurre et réfléchit longuement. Il consulte des documents, puis, après un long silence, il finit par dire : « Rien ne s'oppose à votre mariage. Vous devrez vous respecter et être fidèles l'un à l'autre tout au long de votre vie. Je vous donne ma bénédiction. »

À la sortie du monastère, Tendi prend délicatement la main de sa promise :

« Phuru, désires-tu devenir ma femme ?

– Oui, répond-elle d'une petite voix timide. J'attends ce moment depuis une éternité. »

Durant les semaines qui suivent, les amoureux apprennent à se connaître. Les rendez-vous galants se multiplient. Tendi se comporte en vrai gentleman. Il soigne les détails. Son salaire confortable lui permet de gâter sa promise. Phuru est totalement conquise. Ils se trouvent une multitude de points communs, apprécient les mêmes choses, ont une sensibilité identique. Culturellement, ils se sentent vraiment proches. Même si Phuru est de nature réservée, Tendi parvient à la faire parler, l'écoute, la comprend et la fait rire.

Pendant ce temps, à l'insu de Tendi, Khamsu, accompagné de cinq amis, se rend dans la famille de Phuru. De part et d'autre, les questions fusent. Khamsu veut tout savoir sur l'origine de celle-ci, les activités professionnelles de chacun et le rôle que joue la religion dans leur vie. Les parents de Phuru s'inquiètent quant à eux des revenus de Tendi. Sont-ils réguliers, sera-t-il un bon mari ? N'exerce-t-il pas un métier trop dangereux ? À l'issue de cette entrevue, tous repartent sourire aux lèvres, convaincus que ce mariage est acquis.

25

Sceller l'amour

Tendi trouve insensé qu'en 2012 il doive encore demander la main de sa promise devant une large audience. Comme le veut la tradition, les parents de Phuru ont réuni amis et voisins aux côtés de la famille. Nerveux comme il ne l'a jamais été, Tendi formule ses vœux devant pas moins de quarante personnes. Khamsu et Dali l'accompagnent pour ce moment qu'ils attendaient depuis de nombreuses années. Au terme de cette rencontre, Khamsu avoue à son fils que les deux familles s'étaient déjà concertées. Libérés d'un poids, les pères des fiancés font couler le chang à flots.

Rapidement après les fiançailles, le travail de Tendi l'accapare totalement. Il multiplie les voyages à l'étranger. Les mois passent et Phuru commence à s'impatienter, car rien n'est prêt pour leurs noces. Elle fait alors appel au « lama astrologue », afin qu'il détermine une date propice à l'événement, selon le calendrier tibétain.

Deux ans plus tard, le 26 novembre 2014, le lama bénit enfin le couple. Cette première cérémonie se déroule dans l'intimité de la famille. En leur apposant un point rouge sur le front, le religieux scelle leur union. Une solennité chargée en émotion pour les parents de la mariée, qui voient leur fille s'envoler vers sa destinée.

Quatre jours plus tard, deux mille deux cents personnes sont invitées aux noces de Tendi et Phuru. À leur arrivée, chacun reçoit une khata ornée des huit symboles de chance. Les deux familles ont tenu à réunir pratiquement toute la communauté sherpa de Katmandou. Les jeunes mariés font sensation. Tendi porte l'habit traditionnel composé d'une tutung – une blouse croisée sur le devant –, d'un chuwa – un long manteau – et du shamo – un couvre-chef étrangement identique au chapeau de cow-boy. La mariée porte une magnifique bakkhu jaune, la robe de fête des Sherpani, agrémentée d'un pandem, un tablier de laine coloré. Sur sa tête, un tsering kinga topi – un chapeau similaire à la chapka russe – fait office de coiffe. D'élégants bijoux tibétains mettent encore plus en valeur cette tenue des grands jours.

Le mariage est célébré dans la plus pure tradition, jusqu'au moment où de la musique pop britannique jaillit des enceintes. Tendi se débrouille plutôt bien sur la piste de danse, pour le plus grand bonheur de Phuru. Au petit matin, à l'heure où les derniers convives rentrent chez eux, les jeunes époux échangent les douces promesses d'un avenir radieux. Tout en déposant un baiser au creux de l'oreille de sa femme, Tendi réitère son engagement total dans leur relation. Le couple emménage immédiatement dans la maison familiale. Khamsu et Dali les laissent occuper un étage complet. Ils accueillent leur belle-fille avec égard et affection.

Léo McLean, le directeur d'une chaîne de télévision argentine, que Tendi a conduit au sommet de l'Everest, lui offre pour son voyage de noces deux billets d'avion pour Buenos Aires en guise d'une reconnaissance sans limites. Durant un mois, le jeune couple va sillonner l'Argentine, que Tendi connaît déjà pour avoir gravi plusieurs fois l'Aconcagua. Aucune ascension n'est prévue à cette occasion. Au programme, uniquement des visites culturelles avec, en prime, un court séjour dans une station de ski. Quelques années plus tard, le couple découvre New York, main dans la main. Ils se forgent des souvenirs inoubliables d'un voyage des plus romantique. Un autre séjour aux États-Unis les amènera au Colorado, où ils sont accueillis chez Dave, un grand ami de Tendi.

Le 19 mai 2013, la naissance de Dolma fait de Tendi un homme comblé. En tenant cette toute petite créature dans ses bras, il sait que le Bouddha sera toujours à ses côtés pour protéger sa nouvelle famille. La paternité transforme rapidement le jeune père. Son sens des responsabilités, déjà très marqué, va encore se renforcer.

Si Phuru a toujours su que son mari s'épanouissait pleinement dans l'exercice de son métier, à chacun de ces départs, elle est toujours aussi inquiète. La jeune maman enchaîne les nuits blanches. Un stress permanent l'habite jusqu'au retour de son mari. Tendi comprend les angoisses de sa femme. Il s'efforce de la rassurer, mais rien n'y fait. Il lui raconte chaque détail des expéditions qu'il mène afin qu'elle réalise qu'il limite constamment les risques. Il dédramatise aussi en plaisantant affectueusement sur ses clients et les membres de l'équipe, ce qui la fait beaucoup rire.

Tendi partage tout avec elle. Il sait pourtant qu'elle souffre de son absence. C'est pourquoi, une fois à la maison, il lui consacre son temps libre ainsi qu'à Dolma. Il joue durant des heures avec sa fille et invite souvent Phuru au restaurant. Il lui fait la cour comme au premier jour. Dans son emploi du temps chargé, il s'arrange toujours pour partir quelques jours avec elles, écartant de nombreuses sollicitations. Ce sentiment d'être un mari et un père impliqué se renforce encore à la naissance de sa seconde fille, Dechen, en août 2020. À son retour d'Antarctique, alors qu'il vient de s'absenter durant deux longs mois, il offre à ses trois amours, un « safari surprise » dans le Teraï[1]. Dolma se souviendra longtemps de la balade en pirogue et des animaux sauvages qu'ils ont pu approcher.

Malgré cette belle harmonie, Phuru et Tendi se disputent parfois. Il arrive qu'une incompréhension mutuelle s'invite dans leur quotidien. Un soir, Phuru demande à son mari d'amener Dolma à l'école le lendemain matin. Interloqué, Tendi regarde sa femme avec de grands yeux. Il lui avait pourtant précisé que ses clients arriveraient à huit heures, ce jour-là, et qu'il devait impérativement les accueillir à l'aéroport. Son épouse insiste. Commence alors un véritable dialogue de sourds. Chacun campe sur ses positions. Tendi a pour habitude de détailler son programme à l'avance, considérant l'anticipation comme sa meilleure alliée. Cela lui permet souvent de désamorcer bien des situations délicates. Cette stratégie n'est pas toujours gagnante. C'est le cas ce soir-là. Sans surenchérir, Tendi file trouver sa mère. Par chance, Dali pourra se charger d'amener sa petite-fille en classe. À la suite de cette altercation, Tendi impose une discussion, afin que chacun puisse exprimer sa frustration et que la tension se dissipe. Phuru en a gros sur le cœur. Il s'assied auprès d'elle, lui prend la main et lui rappelle qu'elle pourra toujours compter sur lui, qu'il est un homme sérieux et honnête, qu'il ne traîne jamais dans les bars ou les discothèques, et par-dessus tout qu'il ne boit pas d'alcool. Il lui assure,

1. Région au climat subtropical faisant frontière avec l'Inde et située en basse altitude.

une fois encore, qu'il ne regarderait jamais une autre femme qu'elle. Phuru ne dit mot et fixe le sol. Il poursuit en lui rappelant que les revenus générés par ses activités sont déterminants pour tous leurs proches, et essentiellement pour leur famille, afin de leur offrir le meilleur avenir possible. Tendi essuie une larme qui coule sur la joue de sa belle. La conversation s'achève par une longue étreinte. Tendi aime à dire que Phuru est le feu et qu'il incarne l'eau. Deux tempéraments opposés qui, à l'évidence, s'attirent et se complètent.

26

Yoga à 7 000 mètres

Si Tendi veut amuser la galerie, il n'a qu'à mimer les postures de yoga que l'une de ses clientes exécutait en 2014 sur les pentes du Manaslu. Le fou rire est immédiat, surtout lorsqu'il s'essaie au grand écart. Rien n'a jamais empêché Olya Lapina de se mettre en chien tête en bas, en posture du guerrier ou du lézard. Cette pratique l'accompagne chaque jour de sa vie, qu'importe l'endroit. Au camp IV, l'Américaine d'origine russe privilégie le Yin Yoga, au rythme lent. À 7 400 mètres d'altitude, sans oxygène, elle s'installe dans des asanas[1] de cinq longues minutes, avant de changer de position.

En octobre 2014, cette cheffe d'entreprise de quarante-deux ans est au sommet de sa forme. Sa préparation est digne des plus grands himalayistes. Durant des semaines, elle s'est entraînée sur les falaises de glace islandaises, afin de tester toutes les situations qu'elle pourrait rencontrer en Himalaya. Tendi n'a pas l'habitude d'avoir des clients si bien préparés, autant physiquement que mentalement. Pour elle, chaque détail compte. Trois mois avant d'arriver au Népal, Olya a arrêté totalement la caféine, persuadée qu'une dépendance inassouvie en situation extrême perturberait son

1. Postures de yoga ou exercice corporel.

mental. La nourriture joue également un rôle essentiel dans son équilibre. Comme Tendi, elle est végétarienne et s'accommode parfaitement de la cuisine népalaise. Grâce au yoga, elle maîtrise sa respiration aussi bien en haute montagne que lors de ses plongées en eaux profondes. Leur complémentarité joue en leur faveur face à ce Manaslu toujours imprévisible.

Après leur rencontre à Katmandou, le bus dépose le groupe, composé de quatre étrangers, à Dharapani. L'équipe commence par une marche d'approche de cinq jours jusqu'au camp de base du Manaslu. L'arrivée à Samagaun se fait en plein brouillard. Le village vit au ralenti, durant les mois de mousson. À 3 800 mètres d'altitude, les étrangers, dont fait partie Olya, parviennent difficilement à se réchauffer dans le lodge mal isolé.

Tendi conduit le groupe à un stupa. Il s'approche de l'autel blanc et raconte qu'il abrite d'anciens livres de prières. Le guide ajoute que certains monuments comprennent les reliques de grands moines népalais. La visite se poursuit au monastère, dont la pièce centrale est particulièrement colorée. Deux vieilles femmes ridées marmonnent des mantras. Impossible de leur donner un âge. Leurs yeux brillent, mais leur couleur est indéfinissable. Leurs vêtements sales sont usés. À grande vitesse, elles font tourner des moulins de prières. Il paraît que l'utilisation de cet objet culte permet d'accéder à une certaine sagesse. Les bouddhistes les plus superstitieux l'ont toujours en main.

Les nuages se sont enfin dissipés, laissant place à une vue spectaculaire sur le Manaslu. La caravane se remet en route et traverse une belle forêt de genévriers. Au loin, on distingue un lac de couleur émeraude.

L'ascension jusqu'au dernier camp se déroule à merveille. Chaque client est pris en charge par un sherpa. Peu avant minuit, Tendi et Olya se préparent à leur *summit push*. Un porridge népalais avalé, le matériel vérifié, ils consacrent encore une dizaine de minutes à la méditation. À l'unisson, des mantras s'échappent de la petite tente.

Pour ces deux forces de la nature, atteindre le sommet aura été un jeu d'enfant ! À 8 163 mètres, sur cette arête effilée, Tendi félicite sa cliente et lui annonce qu'elle est prête pour l'Everest. Impossible d'immortaliser leur joie, leurs appareils photo ne fonctionnent pas. Olya est terriblement déçue. Elle n'envisage pas une seconde de repartir sans avoir une photo de son exploit. Sans guère se soucier du froid, du manque d'oxygène et du peu de place, ils décident d'attendre l'arrivée de la prochaine cordée. Pemba, le collègue de Tendi, et son client parviennent au sommet plus d'une demi-heure après eux. Le sherpa d'altitude photographie Olya dans un état de totale béatitude.

En fin de matinée, les voilà déjà de retour au camp IV. Alors que Tendi doit encore ranger le matériel, Olya prend les devants et envisage de rejoindre seule le camp inférieur et de poursuivre sa descente, hermétique à toute fatigue. Pourtant, cela fait déjà quinze heures qu'elle marche. La yogi demande alors à une amie québécoise qui a fait le sommet le même jour si elle souhaite l'accompagner, lui rappelant qu'il n'est jamais bon de s'éterniser en haute altitude. Sans hésiter, la jeune femme acquiesce. Elles progressent rapidement et se retrouvent soudainement piégées au milieu d'infranchissables crevasses. Durant plus d'une heure, elles cherchent désespérément une issue. De son côté, en arrivant au camp III, Tendi est terrifié de ne trouver personne. Il se précipite à leur recherche. Lorsqu'il les aperçoit enfin dans ce champ de crevasses, il s'exprime calmement, mais avec gravité : « Didi, je t'avais bien dit de ne pas bouger du camp III. Vous êtes inconscientes d'être parties sans moi. C'est tellement dangereux ici ! »

Loin des sentiers touristiques, leur aventure s'achève quelques jours plus tard avec une retraite éclair dans un monastère de la vallée du Manaslu. Dans leurs bures bordeaux, des dizaines d'enfants accueillent les deux himalayistes en s'inclinant, mains jointes en signe de respect. Tendi leur sourit, un rien nostalgique. Les moines leur offrent du thé au beurre de yak et les entraînent dans la grande salle de prière. Olya exerce depuis longtemps la méditation yogique, mais jamais elle n'avait vécu une connexion aussi profonde à son être intérieur, bercée par la lecture des mantras.

2014 restera l'année de toutes les réussites pour l'Américano-Russe. Elle a brillamment relevé son défi de réaliser six ascensions en six mois. Le Manaslu (8 163 m), l'Ama Dablam (6 812 m), le mont Blanc (4 808 m), l'Elbrouz (5 642 m) et l'Aconcagua (6 961 m) à deux reprises. Une performance hors du commun.

C'est justement au pied du mythique sommet argentin que Tendi et Olya avaient fait connaissance, une année plus tôt. Tendi venait de le gravir avec ses clients, alors que le groupe de la jeune femme avait dû renoncer près du but, en raison du mauvais temps.

En 2014, Olya tente à nouveau l'ascension de l'Aconcagua, avec succès. Avant de rentrer aux États-Unis, elle donne rendez-vous à Tendi, dans la ville de Mendoza. Lui qui comptait rentrer chez lui après sa nouvelle ascension, il retrouve sa complice. Se sentant tous deux au maximum de leur capacité, ils se lancent le pari fou de refaire l'Aconcagua, mais, cette fois-ci, par le glacier des Polonais, une voie particulièrement difficile. Le lendemain, les voilà donc de retour au camp de base. Tout le monde les décourage, les traitant d'inconscients suicidaires.

Le 8 mars 1934, quatre Polonais parviennent au sommet de l'Aconcagua par la voie nord-est, encore jamais gravie. Quatre-vingts ans plus tard, réussir cette ascension demeure extraordinaire. Peu d'alpinistes osent s'y confronter. En janvier 2013, deux Américains trouveront la mort sur ces pentes. Leurs corps resteront prisonniers des crevasses pour l'éternité. Malgré l'insistance des familles, aucun sauveteur n'a jamais voulu engager des recherches sur un terrain aussi hostile.

Tendi et Olya se sentent pourtant sûrs d'eux et capables de réussir. Une même force intérieure les anime. Ils se font toutefois la promesse de renoncer si leur vie venait à être mise en danger. Il existe bien une échappatoire dans la voie, mais une fois celle-ci dépassée, impossible de revenir en arrière.

À trois heures du matin, après un rapide petit déjeuner, Tendi et Olya s'installent en tailleur sous leur tente. Le silence est total, seul un vent léger se fait entendre. Durant dix minutes, ils se plongent dans une profonde méditation. Tendi entonne des chants tibétains, rejoint par Olya, fière de connaître les paroles.

Ils savent qu'il leur faudra au moins seize heures d'expédition pour fouler le sommet. C'est le temps record enregistré sur cette voie. Les deux complices se lancent. Le long de cette interminable falaise de glace, les gestes techniques se répètent durant des heures. Un piolet dans chaque main, les deux grimpeurs progressent sur la pointe de leurs crampons. Aucune erreur n'est permise. Tendi sait qu'Olya gère au mieux sa respiration, car l'ascension se fait sans apport d'oxygène. Les douleurs dans les épaules s'intensifient, mais les athlètes parviennent à en faire abstraction.

Arrive alors le passage tant redouté du col de la Bouteille, mille mètres sous le sommet, un goulet étroit coincé dans une pente vertigineuse à cinquante degrés. Le couloir est formé par des îlots rocheux d'un côté et des amas de séracs de l'autre, deux masses totalement instables. Cette section clé sera facilement franchie. Près du sommet, un vent violent commence à souffler par rafales. Olya est épuisée. Tendi lui demande d'accélérer, car un nuage noir menaçant se dirige vers le sommet. Si celui-ci filtre les rayons du soleil, les températures déjà extrêmes chuteront davantage. Leurs doigts risquent de geler et, dès lors, il ne serait plus possible d'utiliser les piolets. Inquiet, Tendi s'adresse à l'Américaine : « Je vais prier pour que le nuage change de direction. »

Quelques secondes plus tard, miraculeusement, le cumulonimbus dévie de sa trajectoire. La cordée parvient enfin au sommet. Soulagé, à 6 961 mètres d'altitude, Tendi fredonne des chants tibétains. Après avoir pris quelques photos, il saisit son téléphone satellitaire et appelle son père qui attendait désespérément des nouvelles. Il lui annonce qu'il devient le premier Népalais à avoir réussi cette redoutable voie du glacier des Polonais. Olya Lapina, quant à elle, sera la première Américaine à avoir réalisé ce même exploit.

Olya n'a encore jamais eu l'occasion de se confronter à l'Everest. Elle vit aujourd'hui en Indonésie, où elle s'entraîne pour battre le record américain de plongée en apnée. Pour sa préparation, elle s'est isolée durant un mois dans un monastère de Bali, afin de pratiquer la méditation de façon immersive. Son amour de la Terre-Mère la fait davantage réfléchir sur son rôle au milieu de cette biodiversité si fragile. La pleine conscience par le yoga lui montre chaque jour le chemin.

27

Skieur en herbe

Cet hiver 2016, cela fait cinq ans que Tendi n'est plus retourné en Suisse. Armand l'attend sur le quai de la gare de Sion, la capitale du Valais.

« Namasté, Saouji ! »

Les deux hommes se serrent fort dans les bras.

« C'est formidable que tu sois là ! »

Tendi trouve son père de cœur très en forme, malgré sa récente opération de la hanche. À soixante-seize ans, sa barbe a blanchi, mais il a encore tous ses cheveux sur la tête ! Le Népalais dépose ses valises chez les Helvètes pour cinq semaines. Un jeune ami lui a offert ses *miles* pour qu'il puisse se procurer un billet d'avion. D'autres financent son séjour en prenant notamment en charge les frais liés à ses différentes formations. Le guide veut parfaire ses compétences aux côtés de l'élite suisse du sauvetage. La dernière semaine de son séjour, il suivra un cours intensif de médecine de montagne, skis aux pieds. Le problème ? Tendi n'a jamais skié de sa vie. Il va devoir apprendre en un temps record. Une connaissance lui donne ses premiers cours sur le secteur débutant de la station d'Anzère, dans le Valais. Ses virages en chasse-neige sont pour le moins acrobatiques. Mais, lorsqu'il tombe, il rit aux éclats et s'écrie : « Je suis tout blanc, comme le yéti ! »

Un moniteur diplômé prend le relais sur le domaine voisin de Crans-Montana. Les progrès sont assez rapides, même si le style laisse encore à désirer. Les secouristes de la station l'autorisent à les accompagner dans leurs missions. Au poste des patrouilleurs, la radio annonce une femme blessée sur une piste bleue. Le sauveteur saisit la civière, Tendi chausse ses skis et le suit en se concentrant pour ne pas chuter. Le pisteur lui demande alors de jouer les interprètes, car l'Anglaise ne parle pas le français :

« Comment vous appelez-vous ?

– Charlotte !

– Que s'est-il passé, Charlotte ? Vous avez mal ? lui demande Tendi en lui tenant la main.

– Je crois que je me suis déchiré les ligaments du genou.

– Ne vous inquiétez pas, vous êtes entre de bonnes mains. Mon collègue va vous descendre en luge. »

À bout de bras, Tendi la hisse sur la civière. Il peine à suivre le convoi. Ses skis se croisent, il se rattrape in extremis. Il admire le sauveteur qui file à vive allure jusqu'à l'ambulance déjà présente au bas des pistes.

La prochaine intervention se déroule auprès d'un snowboardeur. Le jeune homme a terminé sa course contre un arbre. Sa jambe le fait atrocement souffrir. Le pisteur commande aussitôt un hélicoptère équipé d'un treuil. Chez lui, Tendi excelle dans le sauvetage *long-line*. Il regarde minutieusement la manière dont l'assistant de vol s'y prend et constate qu'ils n'ont pas la même façon de procéder. Cinq minutes plus tard, l'hélicoptère d'Air Glaciers se pose sur le toit de l'hôpital du Valais, à Sion. Le snowboardeur est immédiatement transféré en salle d'opération pour une intervention chirurgicale sur son fémur cassé.

Le stage d'observation de Tendi se poursuit justement au service des urgences, le point névralgique où convergent tous les skieurs accidentés héliportés. En pleine saison hivernale, ils sont nombreux. Les week-ends de beau temps, des dizaines de brancards encombrent les couloirs. Des blessés, chaussures de ski aux pieds, attendent patiemment leur tour. Une infirmière est chargée de trier les arrivants en fonction de la gravité de leur cas. Chutes, avalanches, hypothermie, mal des montagnes, des cas de figure que Tendi rencontre régulièrement en Himalaya, où la chaîne de sauvetage est sérieusement grippée.

Le guide est fasciné par la coordination entre la centrale d'alerte, qui reçoit tous les appels de détresse du canton, les secouristes et l'hôpital. Il constate que, une fois l'alarme lancée, les sauveteurs ont six minutes pour sauter dans l'hélicoptère et rejoindre le lieu de l'accident. Au Népal, il leur faut souvent plusieurs heures. Cela fait des années que le jeune guide rêve d'importer le système suisse chez lui. À son retour, il compte en parler directement au ministre de l'Intérieur népalais.

Ses progrès à ski lui permettent à présent de se risquer sur des pistes noires, mais une difficulté supplémentaire l'attend bientôt.

Lors de la dernière semaine de son séjour, son moniteur de ski le dépose dans la petite station valaisanne de La Fouly. François Mathey, le guide responsable de la formation de médecine de montagne, les accueille. Immédiatement se pose un problème de taille : dans quel groupe placer Tendi ?

Le premier sera composé de guides qui s'exerceront à la pratique de la médecine, skis aux pieds, dans des pentes trop engagées pour lui.

Le deuxième comprendra des médecins inexpérimentés en montagne. La formation commence par des cours théoriques. Très concentré, le Népalais prend une multitude de notes. Dans la salle, les participants se demandent ce que cet Asiatique fait parmi eux. Tendi, plutôt timide et impressionné, finit par se présenter : « Bonjour, ravi d'être parmi vous. Moi, je ne suis pas médecin, je suis sherpa ! » Il explique à l'assemblée qu'il souhaite parfaire ses connaissances médicales dans le sauvetage en montagne. Sa réputation commence à le précéder.

Alexia Willame, une jeune gynécologue, sera son binôme durant la semaine. Ses besoins sont à l'inverse de ceux de Tendi. Elle est capable de faire accoucher une femme en pleine brousse, mais reste terrifiée à l'idée de devoir intervenir lors d'une course en montagne ou même sur des pistes de ski. Elle s'est inscrite à ce cours afin de sortir de sa zone de confort. Elle raconte avec humour que, lorsqu'elle skie avec des amis, elle redoute d'arriver la première sur le lieu d'un accident.

Étant donné qu'elle est passionnée de montagne, elle sait qu'elle a tout intérêt à savoir intervenir si quelqu'un tombe dans une crevasse et se blesse. Tendi se fait un point d'honneur à lui montrer comment être efficace en terrain difficile. Ses conseils sont suffisants pour donner confiance à la jeune praticienne.

Lors du premier cours sur le terrain, il leur faut chausser les peaux de phoque. Sans la moindre expérience, Tendi démarre en trombe dans une pente verticale, s'agissant uniquement de faire glisser ses skis sur la neige. Sa vitesse d'ascension sidère tout le groupe. Au moment d'effectuer la première conversion, le voilà bloqué, ne sachant comment positionner ses spatules pour changer de direction. Tendi comprend le principe et évolue rapidement jusqu'au sommet de la Dotse à 2 491 mètres. En haut, il s'arrête, bouche bée, totalement émerveillé par la beauté du paysage. Ses compagnons sont un peu surpris par sa réaction, car Tendi est habitué aux paysages qu'offrent les 8000. Mais le Népalais est tout bonnement sidéré par la vue depuis cette « montagne à vaches », comme la désigne gentiment François.

Si la montée fut aisée, Tendi se souviendra longtemps de la descente. François part le premier, laissant une magnifique trace dans cette belle poudreuse. Le Népalais cherche à l'imiter, mais prend trop de vitesse. Il file comme une flèche, tombe en boule dans une épaisse couche de neige. Il se relève dans un immense éclat de rire. Le formateur prend alors le temps de lui expliquer quelques techniques pour maîtriser un peu mieux ses skis et réussir à passer partout, sans prendre de risques. L'ensemble du groupe est impressionné par le courage du Sherpa et par sa rapidité d'apprentissage.

La suite des cours pratiques consiste à simuler des situations réelles. Tendi connaît parfaitement les techniques de sauvetage en crevasse. En revanche, ses connaissances en nivologie sont limitées et cela lui fait défaut sur les pentes de l'Everest, souvent sujettes aux avalanches. Les médecins instructeurs apprennent aux stagiaires comment dégager les voies respiratoires et gérer une personne inconsciente. L'un des formateurs déballe un cervelas[1], l'entaille et verse une poignée de terre sur ce qui est censé représenter une plaie ouverte. L'un après l'autre, les stagiaires devront trouver une solution pour stopper l'hémorragie, nettoyer la blessure

1. Saucisse typiquement suisse principalement composée de viande de porc.

et même recoudre le cervelas. Tendi a beaucoup de mal à garder son sérieux tant l'exercice l'amuse.

Le Népalais est un atout certain pour souder le groupe. Le dernier soir, lors de la traditionnelle fête, il devient le roi de la piste et se lance même dans une démonstration de danses sherpas revisitées. Le cœur de chacun est bien lourd, le lendemain, au moment du départ. Alexia, qui a suivi ce cours pour aborder la montagne et ses dangers de manière plus réfléchie, repart, grâce à son partenaire, forte d'une dimension humaine supplémentaire.

Tendi s'envole pour le Népal avec de nouveaux amis et des compétences médicales qui feront peut-être un jour la différence. Cette formation accélérée lui permet d'aborder le toit du monde avec une assurance vie supplémentaire pour ses clients, ainsi que pour lui-même.

28

Nepalko Sathi

Le jour de la Saint-Valentin 2022, Saouji serre fort Nicole dans ses bras, avant de s'envoler pour Katmandou. Un vrai pendulaire ! Depuis six ans, il se rend au Népal deux fois par an pour des séjours de deux mois minimum. À quatre-vingt-un ans, l'Helvète a encore des projets plein la tête. Des Suisses en quête d'aventure accompagnent régulièrement l'octogénaire. Cette fois, c'est Renzo Scilacci, un jeune retraité actif qui a signé pour plusieurs semaines de bénévolat. Tendi vient les chercher à l'aéroport. Les retrouvailles sont toujours aussi chaleureuses. Saouji n'aime pas Katmandou, trop polluée, trop bruyante. Il y séjourne uniquement le temps nécessaire à la vérification des biens que Tendi s'est procurés : des denrées alimentaires ainsi que les outils indispensables à leur projet de jardins communautaires dans la vallée du Khembalung. Car, dans la région où Tendi est né, les habitants ont juste de quoi vivre et on ne trouve rien à acheter.

Après un court vol Katmandou-Tumlingtar, le bus dépose les trois hommes à Khandbari, dernier semblant de vie urbaine avant de s'enfoncer dans l'interminable vallée. Encore trente minutes de Jeep, puis les premières maisons de Sekhaya apparaissent. Armand affiche un énorme sourire lorsqu'il aperçoit, dans un potager merveilleusement bien entretenu, une femme en train de travailler la terre. Saouji est fou de joie de retrouver Kibuti. Depuis plusieurs années, il a pris cette jeune femme de trente-deux ans sous son aile, un peu comme il l'a fait pour Tendi.

Les trois amis la trouvent habillée du costume des Sherpani, fourche-bêche à la main. Lors de son dernier séjour, Saouji l'a nommée responsable du programme Les Jardins du ciel de Sekhaya, visant à plus diversifier les cultures et vendre le surplus de production. Tendi, qui connaît bien Kibuti, se félicite de ce choix. La trentenaire élève ses deux jeunes enfants et en héberge deux autres ; une situation fréquente dans ce grand village de deux mille habitants qui abrite l'unique école de la vallée. Certaines femmes des montagnes s'y sont installées pour pouvoir rester avec leurs enfants scolarisés, d'autres les ont confiés à des personnes de confiance, telle que Kibuti.

Depuis 2017, Kibuti a tout appris auprès d'Armand. Le Suisse a enseigné à de nombreuses femmes de la vallée la permaculture, très en vogue en Occident. Une méthode de culture qui s'inscrit dans un concept agricole de développement durable et éthique et qui permet aux légumes de pousser dans un sol particulièrement riche, aménagé par l'homme, mais qui s'inspire des écosystèmes naturels.

Lors de sa dernière visite, Saouji a chargé Kibuti de créer plusieurs jardins communautaires ou individuels pour que d'autres mères de Sekhaya puissent, comme elle, les exploiter. Au Népal, les femmes sont traditionnellement garantes des cultures. Commercialiser les récoltes leur permet de moins dépendre du maigre revenu de leur mari, mais également de s'émanciper.

C'est en effet en 2017 que Saouji fait le pari un peu fou d'initier la population de la vallée à une nouvelle méthode pour cultiver la terre. Conscient de la pauvreté du régime alimentaire des Népalais, il a voulu les inciter à manger davantage de légumes et à planter des arbres fruitiers, inexistants dans la région. La permaculture a l'avantage de varier et de densifier les récoltes. Il faut dire que, à 2 000 mètres d'altitude, seuls l'orge, les pommes de terre et le maïs poussent sans trop d'effort. La population locale se limitait jusque-là à ces quelques cultures vivrières. Par ailleurs, ces jardins ont le mérite de lancer un nouveau secteur d'activité dans la région.

Saouji a impliqué les villageois dès le début afin de s'assurer de leur adhésion au projet. En 2017, il avait emporté dans ses bagages une grelinette, des sarcloirs et des serfouettes, des outils qui n'existent pas au Népal. Le Suisse a d'abord repéré des terrains loués par des Népalais qui ont déménagé dans la capitale ou à l'étranger, puis a choisi une parcelle plate dans le village de Gonthala pour implanter son premier Jardin du ciel. Dans les villages isolés, le sol n'a jamais contenu le moindre engrais chimique ou pesticide, une promesse essentielle pour cultiver les premiers six cents mètres carrés à disposition de toute une communauté.

Armand parlait déjà un népali tout à fait correct, mais, à cette époque, il a préféré que Tendi traduise fidèlement aux habitants l'esprit de cette culture d'un nouveau genre. Réunis pour l'occasion, une cinquantaine d'hommes et de femmes écoutent le discours de Saouji et posent de nombreuses questions. Parmi eux, Kibuti, timide, ne dit rien. Certains, il est vrai, ne saisissent pas immédiatement l'intérêt de changer des habitudes ancestrales qui leur conviennent parfaitement. D'autres, ouverts à l'idée de changement, se disent être prêts à essayer, ce qui leur demandera un réel effort d'adaptation. Dans ces vallées retirées, c'est bien la première fois qu'un étranger vient leur expliquer comment cultiver leurs terres. Le savoir-faire est transmis de génération en génération et, jusqu'ici, jamais cela n'avait été remis en question. Face à ces méthodes occidentales, reste aux habitants de réaliser quel bénéfice ils pourront en tirer.

Selon le principe de la permaculture, les buttes sur lesquelles sont plantés les légumes reproduisent un terreau naturel. Pour cela, Saouji alterne des couches de feuillages, de bois coupé très fin, de déchets alimentaires et d'humus, afin de générer un biotope d'une précieuse richesse. À l'aide d'une houe, plusieurs femmes tracent un immense cercle duquel partent une multitude de branches. Vu du ciel, l'ouvrage prend la forme d'un mandala géant. Pendant ce temps, les hommes taillent des branchages de bambou pour fabriquer des barrières de deux mètres cinquante de hauteur. Disposées autour du jardin, elles empêcheront les incursions d'animaux domestiques et sauvages. Le potager comprend une cabane à outils et un parc à poules.

Le jour de l'inauguration, les habitants de cinq villages alentour sont venus semer les premières graines. Quelques nonnes qui vivent modestement et ont des besoins minimes sont de la partie. D'autres curieux se réjouissent de découvrir de nouveaux goûts.

« Ça, c'est la première chose que vous allez manger : des radis », explique fièrement Saouji, une poignée de graines dans la main. « Et voici des semences d'asperges, de courges, de tomates, de pois mange-tout. Des denrées qui, j'en suis sûr, vous sont totalement inconnues. »

Au moment où Tendi termine sa traduction, tous les yeux des villageois s'écarquillent. Les questions fusent. Le jeune Sherpa est un pont entre ce monde retiré et celui de ses amis occidentaux.

À l'issue d'une semaine de cours pratiques, un jardinier rémunéré part dispenser l'enseignement de ces méthodes dans plusieurs villages alentour. Une fois les techniques assimilées, la plupart des femmes ont continué de suivre le modèle.

Six ans plus tard, plusieurs jardins communautaires sont opérationnels dans la vallée du Khembalung. Un comité népalais composé d'un représentant de chaque hameau fait le lien entre les habitants de la vallée et Nepalko Sathi[1]. Certains villageois ont adhéré au projet, d'autres non.

Au printemps 2022, après un point de situation avec Kibuti, Tendi, Renzo et Saouji commencent une marche de trois jours pour se rendre plus en altitude dans son village. Le soleil les accompagne sur ces nouveaux chemins financés par leur association. Lorsqu'il était guide aspirant, Tendi a imaginé un itinéraire de trekking loin des autoroutes à piétons, tel le tour des Annapurnas, offrant ainsi aux visiteurs une plongée dans un tourisme authentique, au cœur du Khembalung. Les récoltes de fonds permettent d'ailleurs à Nepalko Sathi d'offrir des formations de guides de trekking aux jeunes sherpas de la vallée.

Arrivés au hameau, ils constatent que le défrichage pour accueillir la future ferme communautaire a débuté,

1. Nom de l'organisation à but non lucratif fondée par Armand, Khamsu et Tendi pour limiter l'exode des populations des vallées retirées du Népal, en favorisant un développement durable dans ces régions.

la finalité étant d'inciter de jeunes familles à s'installer à Saisima. Car aujourd'hui le village comprend uniquement une dizaine d'habitants, dont cinq nonnes. La plupart des régions situées hors des circuits touristiques se vident inexorablement.

Depuis des années, Saouji implore ses amis sherpas de continuer à cultiver leurs terres et de résister au leurre d'une vie plus facile à Katmandou. La capitale népalaise regorge de Sherpas, de Tamangs, de Rais qui quittent leur vallée par manque de perspectives d'avenir. Il est vrai que le parcours de Tendi les conforte dans l'idée que la réussite est possible en s'installant dans la capitale, mais il n'est qu'un parmi tant d'autres. Difficile en effet de vivre en ville avec une famille à charge, alors que la saison de trekking ne génère que quelques mois de revenus. Il suffit d'un incident ou d'un événement grave, comme la pandémie du Covid-19, pour plonger ces exilés dans une précarité absolue.

Saouji est persuadé qu'il existe des moyens d'enrayer cet exode. Le téléphone fonctionnant jusqu'au fond des vallées, il est facile de rester en contact avec les agences et quitter le village uniquement pour la durée de l'engagement. Son meilleur exemple s'appelle Mingma Tenzi Sherpa, le nouveau représentant local de Nepalko Sathi. Il est l'un des *summiters* les plus titrés au monde. Il est porté sur le devant de la scène à l'hiver 2021 en réalisant, avec neuf autres Népalais, la première hivernale du K2, l'un des plus grands exploits de l'alpinisme contemporain. Son palmarès est impressionnant : il s'est trouvé vingt-cinq fois sur des sommets de plus de 8 000 mètres. Après chaque expédition, il retourne à Gonthala, auprès de sa femme et de ses deux enfants et il travaille sa terre.

Cela fait maintenant vingt ans que Tendi, Khamsu et Saouji ont fondé Nepalko Sathi afin que cette vallée oubliée retrouve une nouvelle dynamique. Khamsu, de son côté, a fait bâtir plusieurs maisonnettes à Saisima, dans le but de fournir un logement aux nonnes, aux visiteurs et à ceux qui voudraient revenir vivre au pays. Le père de Tendi ne regrette nullement son départ pour Katmandou. Son fils aîné a ainsi pu accomplir de grandes choses. En revanche, il prend conscience que les conditions de vie sur leurs terres natales peuvent être constamment améliorées, notamment d'un point de vue sanitaire.

Avant de rentrer en Suisse, Renzo Silacci confie à Kibuti l'équivalent de huit cents euros. Une somme considérable au Népal. Cet argent, agrémenté des prochains dons, sert à alimenter un nouveau fonds d'urgences médicales destiné aux villageois de Sekhaya. C'est la jeune femme qui en assure la gestion et qui a la responsabilité de l'attribuer lorsque nécessaire.

Hasard, fatalité ou mauvais karma, un matin, peu de temps après le départ de ses amis suisses, Mingdoma, la fille de Kibuti, âgée de huit ans, se réveille en hurlant, une douleur atroce à l'œil. Paniquée, sa mère l'amène immédiatement au dispensaire le plus proche. La consultation est sans appel : la petite fille doit être envoyée au plus vite à l'hôpital ophtalmologique de Katmandou pour une intervention d'urgence, sinon elle perdra son œil, voire sa vie. En toute vraisemblance, durant la nuit, un papillon est venu se poser sur son visage. Cette maladie est bien connue au Népal : une bactérie appelée *Chlamydia trachomatis* provoquant une cécité irréversible a touché son globe oculaire. Kibuti essaie de garder son sang-froid. Elle parvient à joindre Saouji par téléphone, qui lui dit de sauter dans le premier avion pour Katmandou en ne pensant à rien d'autre qu'à sa fille, sans se soucier de l'argent. Le fonds a été créé pour des situations de ce type.

Mingdoma est courageuse. La douleur est intenable. Elle ne peut plus ouvrir les yeux. La mère et la fille parviennent à prendre un avion le jour même. Des proches de Tendi les hébergent dans la capitale. Après une nuit blanche, la fillette se fait opérer le lendemain matin. Elle perdra l'usage de son œil gauche, mais aura la vie sauve.

Les huit cents euros n'auront pas suffi à couvrir l'ensemble des frais médicaux. Anne et Samuel Baillif, des Suisses qui parrainent Mingdoma depuis cinq ans, ont envoyé le complément pour couvrir les mille deux cents euros qu'ont coûtés l'intervention et les déplacements. Nepalko Sathi a lancé un appel aux dons pour renflouer ce nouveau fonds d'urgence qui s'est vidé en un rien de temps.

29

Fondation Tendi Sherpa

Cet hiver 2013, Jim Lang et Gordon Sutherland tiennent une forme d'enfer. Gordon vient de terminer un trek de six semaines au Bhoutan. Avant cela, il a exploré plusieurs secteurs de la région de l'Everest. Pour se confronter à l'altitude, ces deux Écossais d'une cinquantaine d'années ont gravi le mont Blanc et le Kilimandjaro. Les amis réfléchissent alors à un sommet à leur portée. Ils pensent au Cho Oyu, mais craignent qu'un 8000 ne soit trop engagé pour eux. Ils envisagent alors l'Elbrouz, en Russie, mais renoncent en raison des tensions politiques liées aux prochains Jeux olympiques de Sotchi. L'Aconcagua s'impose tout naturellement. Quelques semaines avant de s'envoler pour l'Amérique du Sud, ils terminent leur mise en jambe avec trois hivernales dans l'Atlas.

En février, Gordon et Jim arrivent en Argentine, parfaitement entraînés. Ils choisissent la première agence locale certifiée « Aconcagua », Fernando Grajales Expeditions, dans laquelle Tendi est guide ; un contrat décroché grâce à sa grande expérience du sommet sud-américain et à ses nombreux contacts dans le milieu. Avec deux autres guides, il a la charge d'un groupe composé de onze clients étrangers aux conditions physiques variables.

Les deux hommes profitent de leur escale à Mendoza pour s'arrêter dans les meilleures caves de la région et déguster les fameux vins rouges Malbec argentins. Ils font connaissance avec Tendi à l'hôtel *Los Penitentes* autour d'un succulent repas. D'énormes steaks et de bons vins pour eux, un plat végétarien sans vin pour le Népalais.

Les deux hommes apprécient immédiatement leur nouveau guide. Tendi s'intéresse avec tact et pudeur à leurs familles, ainsi qu'à leurs activités professionnelles dans l'immobilier et la finance. Il les questionne également sur leur préparation et les félicite après l'énumération des sommets sur lesquels ils se sont entraînés.

Un matin, au camp de base, alors que plusieurs groupes d'alpinistes sont réunis sous la tente du réfectoire, une équipe de télévision argentine se présente. Un journaliste, accompagné d'un caméraman, demande à parler à Tendi. Celui-ci les salue et leur répond, dans un espagnol maîtrisé, qu'il se rendra disponible pour eux dans quelques minutes, le temps de servir le petit déjeuner à ses clients. Les deux Britanniques se regardent, incrédules.

C'est la septième expédition de Tendi à l'Aconcagua. En 2013, il était l'unique Népalais à pratiquer le métier de guide sur le mythique sommet argentin. Cela a rapidement suscité l'intérêt des journalistes. Ainsi, ce jour-là, il n'en est pas à sa première interview.

À l'extérieur, un plateau télévisé est improvisé. Jim et Gordon sortent et écoutent, sidérés, les questions du journaliste : « Tendi Sherpa, vous avez déjà atteint dix fois le sommet de l'Everest, vous y grimpez depuis plusieurs années. Pourquoi vous intéressez-vous toujours autant à l'Aconcagua, que vous avez déjà gravi à plusieurs reprises avec des clients ? »

Les deux amis n'en reviennent pas. Alors qu'ils se côtoient depuis plusieurs jours, Tendi n'a, à aucun moment, évoqué ses exploits. Ils se sentent même un peu ridicules de s'être étendus sur leur parcours respectif. À l'issue de l'interview, Tendi se dévoile enfin et, amusé, raconte durant des heures à ses clients ses multiples expéditions à l'Everest.

Huit jours après avoir quitté *Los Penitentes*, l'équipe atteint le camp Canada, à 4 900 mètres. Jusqu'ici, l'ascension se déroule à merveille. Il fait beau, le temps est idéal pour dîner dehors, faire griller quelques steaks et préparer de délicieux burgers. Le lendemain soir, au camp supérieur de Nido de Cóndores, de gros nuages noirs, annonciateurs d'un véritable déluge, s'invitent. Sous les violentes rafales, le tissu de la tente menace de se déchirer à tout instant. Impossible pour les alpinistes de s'endormir. Le lendemain matin, après une nuit blanche, Tendi brave les éléments déchaînés pour s'assurer que son équipe se porte bien. Il annonce à ses clients que certains alpinistes ont perdu la vie durant la tempête. La décision est prise de retourner au plus vite au camp de base.

Le mauvais temps perdure et Tendi n'a d'autre choix que de mettre un terme à l'expédition. Les deux amis doivent renoncer à leur rêve. Ils repartent au Royaume-Uni, terriblement frustrés. S'ils n'ont pas pu fouler le sommet convoité, ils repartent toutefois en ayant gagné une profonde amitié.

L'humilité de leur jeune guide, son fort attachement à ses racines et sa préoccupation pour sa communauté ont profondément touché Gordon et Jim. Impossible de se séparer sans seller un projet commun. L'idée vient aux Écossais d'engager Tendi pour tenter l'ascension d'un 6000 himalayen. Un clin d'œil au récit qu'il leur a fait de son ascension du Mera Peak avec son père alors qu'il n'avait que quatorze ans.

Ainsi, deux ans plus tard, Gordon et Jim retrouvent Tendi au Népal. Pour lui, c'est une grande fierté d'amener ses amis sur cette montagne si chère à son cœur. L'ascension présente peu de difficultés techniques, mis à part les risques inhérents à l'altitude, car l'ascension se fait la plupart du temps sans oxygène. Depuis leur arrivée au camp de base, les mauvaises prévisions météorologiques persistent, poussant la plupart des expéditions à renoncer à leur *summit push*. Mais, on le sait, la pluie n'effraie guère les Britanniques. Tendi profite d'une mince fenêtre météo pour engager la cordée entre les nuages. Arrivé à 6 470 mètres, le groupe est seul au monde. La vue sur la chaîne himalayenne est à couper le souffle. En face d'eux, l'Everest, le Lhotse, le Makalu et le Cho Oyu semblent n'être qu'à un pas. Les deux Écossais sont aux anges.

Gordon et Jim n'ont jamais eu l'occasion de s'impliquer pour une cause en particulier, mais, au contact du Népalais, ils prennent conscience que leurs fortunes personnelles et leurs relations permettraient de lever des fonds pour soutenir les projets de leur protégé. Tendi leur a déjà longuement parlé du programme de Nepalko Sathi, actif dans la vallée de son enfance. Il est conscient que la petite ONG suisse n'a pas les moyens de mener des projets de vaste envergure. Dans un esprit similaire, mais avec nettement plus de moyens, les Écossais créent la fondation Tendi Sherpa, organisme caritatif enregistré en Grande-Bretagne en septembre 2018. Ils sont rejoints au conseil d'administration par Jeremy Edwards et Rob Roger, deux amis aux compétences juridiques et financières.

Depuis, Tendi s'est rendu au Royaume-Uni à trois reprises. À chacune d'elles, ses amis ont organisé des conférences et des levées de fonds auprès de grandes sociétés aux larges ressources financières. Il faut dire que Tendi sait parler aux foules. Il raconte ses exploits, ses difficultés, ses peurs, ses joies sur les 8000, mais, surtout, il leur fait part de son inquiétude face au manque de perspectives pour la plupart des enfants népalais. Le public est immédiatement sensibilisé et verse de généreux dons. La dernière récolte de fonds, réalisée entre Londres et Édimbourg en novembre 2022, a été un succès.

Plusieurs donateurs se sont rendus dans la vallée du Khembalung pour voir de leurs propres yeux les actions concrètes réalisées grâce à leurs donations. Ils ont pu emprunter des ponts financés par la fondation et rencontrer la soixantaine d'enfants parrainés, mais aussi voir les fours sans fumée fournis aux villageois de la région. Ces voyages leur permettent également d'avoir pleinement conscience de tous les axes de développement possibles. La priorité est donnée, aujourd'hui, au soutien aux enfants des zones rurales. De nos jours encore, certains n'ont qu'un accès limité à une éducation de qualité. De trop nombreux parents préfèrent que leurs enfants les aident aux tâches domestiques plutôt qu'ils ne perdent du temps à étudier. Dès lors, se rendre à l'école s'avère impossible pour nombre d'entre eux.

Les quatre administrateurs ont parfaitement saisi l'importance de la religion dans la vie de Tendi. Dans sa vallée, tous sont pratiquants. Le tremblement de terre de 2015, qui a ravagé le Népal, n'a pas épargné le gompa de Saisima. Il a été partiellement détruit et de grandes fissures lézardaient les murs. Lors des épisodes de mousson, la structure fragilisée risquait d'être emportée par des glissements de terrain. Pour Tendi, il ne faisait aucun doute que cela représentait un réel danger de continuer à l'exploiter. Pour lui, il fallait changer son emplacement, bien trop exposé, et bâtir un nouveau monument, plus spacieux. Son idée était de réaliser un centre communautaire autour du nouveau lieu de prière. Plus qu'un temple, Tendi souhaitait construire un lieu culturel et éducatif, avec la possibilité de scolariser les enfants, Sherpas et Rais, de plusieurs hameaux alentour, mais aussi de former les villageois aux métiers de cuisinier, de peintre, de maçon ou encore de menuisier. De multiples récoltes de fonds et trois ans de travaux auront permis de bâtir Naya Saisima, aux couleurs flamboyantes et à l'énergie positive.

Cet automne 2022, Tendi a partagé avec sa large audience son envie d'aider spécifiquement les « orphelins de l'Everest ». Depuis la fameuse avalanche qui s'est abattue sur les pans de cette montagne mythique en 2014, le guide a pris conscience de la nécessité d'apporter un soutien plus conséquent aux centaines d'orphelins dont les pères sont morts sur les hauts sommets de l'Himalaya. Qu'ils soient guides, *summiters* ou simples porteurs, de nombreux pères de famille ont perdu la vie dans l'exercice de leur fonction. Ils ont ainsi laissé des veuves sans le moindre revenu. Les rentes accordées par l'État sont dérisoires. Ces femmes courageuses se retrouvent dans l'incapacité d'offrir un avenir à leurs enfants. Elles ont parfois des difficultés pour les vêtir et les nourrir correctement. Tendi a lui-même perdu de nombreux proches, victimes d'avalanches, de chutes, du mal des montagnes, d'épuisement, d'œdème pulmonaire ou encore de crise cardiaque. Derrière chacun d'eux se cache souvent le visage d'un enfant. La plupart vivent à Katmandou, c'est pourquoi Tendi souhaite construire, en périphérie de la ville, une école pour accueillir les premiers niveaux de scolarité.

Ce 15 novembre 2022, alors qu'il s'envole d'Édimbourg pour retrouver les siens à Katmandou, après une campagne de deux semaines au Royaume-Uni, Tendi se sent heureux. La récolte de fonds permettra de mettre ce projet sur rail et d'alimenter rapidement une bourse destinée aux « orphelins de l'Everest » et à leurs mères.

30

Les yeux rivés vers le futur

Décidément, le camp de base de l'Aconcagua est propice aux échanges, surtout lorsque la météo est mauvaise. En 2014, Dave Schaeffer, un Américain originaire du Colorado et qui travaille dans un magasin de vêtements techniques à Denver, fait partie des candidats au sommet. Pour prodiguer les meilleurs conseils possible à ses clients, quoi de mieux que de tester le matériel sur le terrain ? Dave débarque seul en Argentine pour se frotter au froid, au vent, à la pluie et à la neige. Spontanément, Tendi et Dave commencent à parler matériel et équipement vestimentaire. Le guide explique les difficultés auxquelles il doit régulièrement faire face.

En haute montagne, les conditions évoluent constamment. À 7 000 mètres d'altitude, les alpinistes en mouvement peuvent tout autant suffoquer, dans leurs grosses doudounes d'expédition, que grelotter, lorsque les vents violents font chuter les températures ressenties. La transpiration représente également un danger, car, si l'humidité n'est pas évacuée, l'effet chaud-froid est immédiat. Dave prend des notes, fait des schémas, griffonne des chiffres, pose des questions précises. Les deux hommes débattent durant des heures. Gore-Tex®, fibres, fermetures, poches et même couleurs ; les sujets de discussion sont sans fin. Tendi est un rêveur. Entre deux expéditions, il s'imagine parfois tenir un magasin de montagne à Katmandou. Dave, lui, réfléchit depuis un certain temps à devenir son propre patron.

Rapidement, les deux nouveaux amis décident de se lancer ensemble dans l'aventure et fondent Himali, terme qui signifie « habitants des montagnes himalayennes » en népalais. Si Tendi fait un excellent modèle pour tester les vêtements en conditions réelles, il n'a en revanche aucun moyens. Dave, qui a quitté son emploi, place ses fonds propres dans l'aventure. Grâce à son sens de la communication, l'Américain approche des investisseurs potentiels, séduits par le produit et par le porteur d'image, dont le parcours est un réel argument.

Ensemble, ils choisissent la lettre H en guise de logo. Le graphisme est conçu pour distinguer dans le H, le chiffre quatorze, le nombre de sommets de plus de 8 000 mètres.

Les débuts sont compliqués. Il leur faut d'abord engager des designers afin qu'ils esquissent les modèles qu'ils ont imaginés, choisir les matières et le lieu de fabrication. Comme les budgets sont limités, la production se cantonne d'abord à quelques tee-shirts et casquettes. En 2015, moins d'un an après le coup d'envoi, la première doudoune estampillée « Himali » est mise en vente sur le site Kickstarter[1].

Au fil des années, la gamme s'étoffe. En décembre 2021, avant de s'envoler pour l'Antarctique, Tendi et Dave inaugurent le premier magasin à Boulder, dans le Colorado, les ventes se réalisant jusqu'alors sur Internet.

1. Entreprise américaine de financement participatif, y compris lors de projets encore embryonnaires.

Chaque nouvelle saison, Tendi teste des combinaisons prototypes sur les pentes des plus hautes montagnes du monde. Au fil des expéditions, le guide propose un certain nombre d'axes d'amélioration. Pour Dave, cette étroite collaboration est indispensable, la validation des choix se faisant toujours à deux. Question marketing, Dave a vu juste, Tendi représente à merveille la marque. Il enregistre régulièrement des vidéos pour leur site web ou pour leurs réseaux sociaux. Face à la caméra, sa « positive attitude » déclenche des milliers de likes.

Que ce soit aux États-Unis, en Argentine, en Suisse ou au Royaume-Uni, les conférences animées par Tendi emplissent les salles. Honoré par cette affluence et cet intérêt, le guide s'investit totalement dans ces moments de partage. L'homme a toujours un plaisir fou à raconter ses ascensions et les questions du public peuvent durer des heures. À l'issue de ces rencontres, on l'approche lors des séances de dédicaces, au cours desquelles le Népalais accorde une attention particulière à chaque interlocuteur.

Être sous le feu des projecteurs ne lui est jamais monté à la tête. Tendi a toujours su garder les pieds sur terre. C'est sans doute sa plus grande force. À l'approche de la quarantaine, il s'interroge toutefois sur son avenir. Physiquement, il se sent encore très en forme, malgré des tensions récurrentes dans la nuque et une gêne persistante à un genou. Un ostéopathe lui a un jour expliqué que ces douleurs étaient certainement liées aux charges trop lourdes portées lorsqu'il était adolescent, alors que sa croissance n'était pas encore terminée.

Tendi est conscient qu'il soumet son corps à rude épreuve. Ce qui n'est pas sans conséquence sur son organisme. Depuis la naissance de Dechen, le père de famille veut davantage limiter les risques inhérents à son métier. Son esprit est au clair : d'ici dix ans, il réduira le nombre d'ascensions, puis se concentrera sur l'organisation et la gestion d'expéditions.

Le jeune Sherpa souhaite consacrer plus de temps à ses enfants. Il a conscience que ses absences sont pénibles pour Dolma, car, même si la fillette est entourée de l'amour de sa maman et de ses grands-parents, son père lui manque beaucoup. À l'avenir, Tendi préférerait que ses filles passent moins de temps à Katmandou. La pollution et le bruit ne leur offrent pas un environnement idéal pour grandir et s'épanouir. Depuis peu, il fait part à Phuru de son désir de vivre à Saisima quelques mois dans l'année, lorsqu'il aura atteint l'âge de cinquante ans. À son retour d'un séjour de deux semaines à Saisima avec Saouji, en novembre 2022, son projet se dessine plus précisément, car deux ponts financés par Nepalko Sathi et la fondation Tendi Sherpa permettent de raccourcir considérablement le trajet entre la capitale et Saisima et, grâce à des travaux d'élargissement, les sentiers sont praticables en toutes saisons, y compris lors de la mousson. En voyant les Jardins du Ciel, Tendi imagine déjà Phuru cultiver leur potager.

Sa femme, grande consommatrice des réseaux sociaux, pourra sans doute se connecter d'ici quelques années, la couverture Wi-Fi ne cessant de s'améliorer dans les vallées isolées. Pour l'heure, le village n'a toujours pas l'électricité. Seuls quelques panneaux solaires portables fournissent une énergie d'appoint. En quasiment dix ans de mariage, Phuru n'est jamais allée à

Saisima. L'occasion ne s'est pas présentée et Dolma et Dechen sont encore trop jeunes pour marcher plusieurs jours afin de rallier le village. Phuru peine encore à se projeter.

Saisima est un village sacré et Tendi souhaite s'imprégner davantage de ces vibrations divines. L'attachement qu'il porte à son Khembalung natal est ancré dans l'histoire de sa famille. Les grands-parents de Tendi étaient installés à Mamirku, dans le Solu. En 1974, il était habité par trois familles sherpas de la tribu Taktok. Hiver comme été, les journées de ces habitants, particulièrement pieuses, se déroulaient entre les travaux des champs et la lecture de mantras.

Khamsu, l'aîné de sept enfants, était lui-même destiné à l'étude du bouddhisme. La venue d'étrangers était particulièrement rare dans cette vallée isolée.

Un jour, un moine vêtu de la bure grenat apparut au loin. Les enfants crièrent aussitôt :

« C'est l'oncle lama ! »

Après de brèves retrouvailles, le moine s'adressa à la fratrie :

« À plusieurs jours de marche d'ici se situe une terre sacrée dans la vallée du Khembalung, où vivent déjà plusieurs familles Taktok. Aucun religieux ne s'y rend jamais, alors qu'il s'agit pourtant d'un haut lieu du bouddhisme tibétain. Il devient indispensable de restaurer le vieux gompa et d'y installer un lama ».

Se tournant vers le père de Khamsu, il ajouta :

« J'ai tout de suite pensé à toi. »

La famille entreprit alors un voyage initiatique d'une dizaine de jours dans les hautes terres himalayennes, afin d'atteindre le village le plus reculé de la vallée : Saisima, un hameau abandonné pourvu de quelques maisons, niché dans une clairière de la jungle. Le père de Khamsu endosse immédiatement la fonction de nouveau lama et son oncle, celui d'enseignant à l'école des moines. La transmission de cette foi profonde est aujourd'hui assurée par Nima, le frère cadet de Tendi, qui est en passe de devenir un important maître bouddhiste. Étudier les textes sacrés est sa priorité depuis son plus jeune âge. Trop accaparé par ses études, il a d'ailleurs manqué le mariage de Tendi, celui de leur sœur Lakpa et la naissance de ses neveux et nièces.

Nima est toujours le grand absent des fêtes de famille, mais personne ne lui en tient rigueur. Au contraire, Tendi admire profondément l'engagement de son frère et se rappelle que lui-même voulait être prêtre lorsqu'il était petit. Il le sait heureux sur son chemin de vie, d'autant plus que Nima vient d'obtenir le titre de Khenpo, l'équivalent d'un doctorat en philosophie bouddhiste, après une dizaine d'années d'études approfondies des textes et des commentaires sacrés. Une consécration pour ce petit frère qui vit dans un total dénuement.

Lorsqu'il avait tout juste trente ans, Nima a fait une retraite de trois ans, trois mois, trois jours et trois heures dans un monastère de Manang, sur le tour des Annapurnas. Durant ces trois longues années, son père, Khamsu, n'a pu lui parler qu'à une seule reprise, quelques minutes à travers une fente. La dernière fois que Tendi a vu son frère, ce dernier lui a assuré qu'il n'aurait jamais pu imaginer meilleure vie.

Tendi comprend parfaitement ce que la méditation peut lui procurer. Lui-même aimerait souvent pouvoir s'échapper du rythme trépidant de sa vie de guide. Il n'a encore jamais effectué de retraite spirituelle, mais il rêve ouvertement de pouvoir le faire. Quand Nima lui demande s'il est heureux, sans la moindre hésitation, il lui répond :

« Oui, bhai, petit frère, extrêmement ! Entre ma famille, mon cheminement spirituel, mon métier et mes séjours à Saisima, je vis un bonheur total ! Je ne remercierai jamais assez le Bouddha pour cela. »

FIN

Remerciements

À Isabelle Fortis, directrice éditoriale des éditions Glénat.

À Noémie Ponton, éditrice des éditions Glénat pour son grand professionnalisme. Une personne exigeante, mais juste et bienveillante. Ses nombreuses demandes de précisions m'ont donné quelques maux de tête et insomnies, mais je lui suis infiniment reconnaissante de m'avoir permis de partager avec vous, lecteurs, ce récit de la vie de Tendi.

À Heather Williams, mon éditrice pour la version anglaise de *Plus haut que l'Everest* (dont le titre original est *Higher than Everest*), qui a montré un enthousiasme sans faille pour ce projet dès notre premier contact, alors même qu'elle connaissait si peu l'univers de la montagne et des expéditions. Elle a immédiatement compris que Tendi pouvait être une réelle source d'inspiration. Je la remercie de tout cœur de m'avoir accordé sa confiance. J'espère en avoir été digne.

Merci à Charles Hewitt de Pen & Sword Books d'avoir confié à Heather le soin d'évaluer la pertinence du projet et de l'avoir soutenue dans sa vision de son développement. Je ne pouvais pas rêver mieux.

Merci à mes indéfectibles amis PJ et Yolanda Guthrie de m'avoir mise en contact avec Charles et sa maison d'édition basée dans votre beau Yorkshire.

À mon « Dad » adoré, que les lecteurs ont découvert sous le sobriquet de Saouji. En 2016, mon père a publié à compte d'auteur *Tendi Sherpa, plus haut que l'Everest*. Il m'a ensuite cédé ses droits pour que je puisse m'inspirer de ses écrits afin de poursuivre la mise en lumière de son fils spirituel.

Tendi, merci d'être entré dans ma vie il y a vingt ans. Merci pour toute la sagesse que tu m'apportes. Je regarde le monde différemment depuis que je te côtoie. Tu m'as appris la tolérance et la compassion. Pour mon plus grand bonheur, tu es également un modèle pour ma Romane Dali. J'espère que les lecteurs verront également la profondeur de ton âme. Si seulement l'humanité pouvait un peu plus te ressembler !

Romane, ma chérie, je te dédie ce livre, toi qui as été si patiente lors de la rédaction du manuscrit. Je t'ai privée du temps que l'on aurait pu passer ensemble. Du haut de tes douze ans, tu ne m'as jamais rien reproché, même si je te répondais trop souvent : « Non, désolée, ma chérie, je dois travailler », lorsque tu me demandais de venir skier avec toi, de jouer ensemble, de regarder une série télévisée ou simplement d'aller nous balader dans la forêt à côté de chez nous.

Merci à Hubert Gay-Couttet, le papa de ma fille, qui m'a soutenue dans ce travail d'écriture. Merci pour tes conseils chaque fois si précieux, merci pour tes corrections, merci d'être là pour moi, depuis si longtemps.

Merci à Isabelle Gonet, « Isa », qui était, selon moi, la plus belle voix et la plus belle plume de la RTS. Aujourd'hui, tu es une jeune retraitée active qui a consacré beaucoup de ton temps à la relecture et aux corrections de mon manuscrit. Tes encouragements ont vraiment été bénéfiques.

Virginie Lenk, ma fidèle complice. J'espère que tu ne m'en voudras pas trop d'avoir passé notre week-end berlinois à corriger un manuscrit encore truffé de fautes. Tes coups de stylo rouge m'ont été des plus utiles.

Un merci particulier à Maud Woiczik, jeune anthropologue diplômée de l'université de Montréal. Je n'aurais jamais imaginé ce récit sans une telle expertise scientifique à mes côtés. Maud a mis ses connaissances et sa rigueur afin de m'apporter les précisions nécessaires aux descriptions des rites, des croyances, de l'histoire des Sherpas. Son aide a été si précieuse. Je lui souhaite un immense succès dans ses futurs travaux anthropologiques.

Peter, George et Alexander Hillary. Quel honneur de vous compter à présent parmi mes amis. J'admire tant la manière dont vous portez à bout de bras l'héritage de votre père et grand-père, Sir Edmund Hillary, qui serait sans doute fier de ce que vous faites pour le peuple des Sherpas et les enfants du Népal. Toi aussi, Yves, tu honores si bien la mémoire de ton père, Raymond Lambert, qui, en compagnie de Tenzing Norgay, a dû rebrousser chemin à quelques mètres du sommet de l'Everest, un an avant l'exploit que nous connaissons. Merci Yves pour tes bons conseils.

Mike Hamill, merci de m'avoir si bien restitué la manière dont Tendi exerce son métier. Merci de lui offrir un cadre de travail qui correspond à son éthique. Incontestablement, vous jouez un rôle clé dans sa vie.

Nicolas Schneiter, lama, m'a mis permis de comprendre l'importance de Bouddha dans l'existence de Tendi. Aujourd'hui, je saisis mieux l'apport d'une telle pratique dans son quotidien. Vous marchez sur le même chemin d'éveil. Vous dégagez tellement de positivité ! Je suis heureuse de vous avoir tous deux à mes côtés.

Nicolas Bossard, avec toi, j'ai compris que Tendi n'était pas tout à fait un super héros, mais un homme presque comme les autres, avec toutes ses forces, mais aussi ses faiblesses. Ce qui le rend profondément humain.

Adrien Pinho, merci pour cette première critique extérieure. Grâce à toi, je suis retournée à ma copie. Tu m'as aidée à mettre de l'ordre dans mes chapitres. Dans le même esprit, merci à Sophie Cuenot d'avoir porté ce même regard bienveillant, également sans concession et, surtout, d'avoir parlé de mon projet à Noémie Ponton des éditions Glénat. Merci à ma grande copine de vélo et de rando, Caroline Délèze, de m'avoir invitée à lever le nez de mon ordinateur pour prendre l'air et me ressourcer. Tes nombreux encouragements, mais aussi tes vérifications des aspects médicaux de l'ouvrage sont à saluer.

Dave Schaeffer, le partenaire de Tendi qui a lancé avec lui la gamme de vêtements techniques Himali. Dave a la gentillesse de nous offrir la photo de couverture de la version anglaise du livre, signée par l'excellent photographe Marshall Cody.

Merci à tous ceux et toutes celles qui ont eu la gentillesse de me confier leur histoire avec Tendi par visioconférence, par téléphone ou par mail : Olya Lapina, Brian Smith, Dr Edward Dohring, Jane, Gabby et Jarrod Kanizay, Phuru Sherpa, Tenji Sherpa, Facundo Arana, François Mathey, Arthur Maret, Dr Alexia Willame, Keiichi Iwasaki, Jeremy Edwards, Gordon Sutherland, Rob Roger, Jim Lang, Leo McLean, Willie et Damian Benegas.

Et, pour terminer, ces quelques remerciements à ma famille : à mon grand-frère adoré, Pierre-Armand, qui m'a détaillé durant des heures les villages et itinéraires des vallées retirées du Népal. À Dominique, ma grande sœur, toujours pleine d'enthousiasme lorsque je lui parle de mes projets. À Nanny et tata Kiki qui s'occupent toujours si bien de ma Romane.

Un hommage tout particulier à tonton Pierre-Étienne qui a survécu à ce satané Covid. À travers cette épreuve, toi aussi tu as gravi l'Everest !

À la mémoire d'Estelle, ma cousine adorée que j'aimais tant !

Rendez-vous sur www.nepalko-sathi.com/devenir-membre-2/ pour tout complément d'information sur l'association d'entraide Nepalkho Sathi-Amis du Népal et pour vos dons sous la mention « Plus haut que l'Everest ».

Rendez-vous sur www.tsfnepal.org/donations/ pour tout complément d'information sur la fondation Tendi Sherpa et pour vos dons sous la mention « Higher than Everest ».

Bibliographie

Inspiré du récit d'Armand Dussex, *Tendi Sherpa : plus haut que l'Everest*, publié en auto-édition Arbaz, Suisse en 2016 ISBN 9782839918459

Au sommet de l'Everest, Sir Edmund Hillary, éditions Hoëbeke, 2021

Sherpa et autres ethnies mythiques de l'Himalaya, Ray Wilson, 2004

Sherpas, fils de l'Everest, vie, mort et business sur le toit du monde, Patricia Jolly et Laurence Shakya, éditions Arthaud, 2019

Un géant et des hommes 1921-1953, les pionniers de l'Everest, Yves de Chazournes, éditions Place des victoires, 2012

Encyclopédie Universalis, Groupes ethniques et castes du Népal, 2021

The semiotics of ritual, F. A. Hanson, 1981

The case of the disappearing shamans, or no individualism, no relationalism, S. B. Ortner, 1995

Au pays des Sherpas, Ella Maillart, 2017

Tenzing et les Sherpas de l'Everest, J. et T. Tenzing, 2003

www.zonehimalaya.net

Table

TROISIÈME PARTIE

RÉALISATION : NORD COMPO À VILLENEUVE-D'ASCQ
IMPRESSION : NOVOPRINT SLOVENSKO S.R.O.
DÉPÔT LÉGAL : FÉVRIER 2025. N° 155971
IMPRIMÉ EN SLOVAQUIE

Collection Points Aventure

Pour aller plus loin :

Site Internet : www.points-aventure.com
Page Facebook : @pointsaventure

P68. Leurs mains sont bleues, *Paul Bowles*
P454. Les Immémoriaux, *Victor Segalen*
P456. Traité du zen et de l'entretien des motocyclettes *Robert M. Pirsig*
P607. Besoin de mer, *Hervé Hamon*
P683. Balkans-Transit, *François Maspero (photographies de Klavdij Sluban)*
P736. L'Abeille d'Ouessant, *Hervé Hamon*
P1322. Mésaventures du paradis. Mélodie cubaine *Érik Orsenna (photographies de Bernard Matussière)*
P1524. Retour dans la neige, *Robert Walser*
P1557. La Colline des anges. Retour au Vietnam (1972-1992) *Jean-Claude Guillebaud, Raymond Depardon*
P1558. La Solitude heureuse du voyageur, *précédé de* Notes *Raymond Depardon*
P2110. Tabarly, *Yann Queffélec*
P3024. Avant la dernière ligne droite, *Patrice Franceschi*
P3025. Boréal, *Paul-Émile Victor*
P3026. Dernières Nouvelles du Sud, *Luis Sepúlveda (photographies de Daniel Mordzinski)*
P3027. L'aventure, pour quoi faire ?, *Collectif*
P3069. La Pointe du couteau, *Gérard Chaliand*
P3126. Le Regard du singe, *Gérard Chaliand, Patrice Franceschi, Sophie Mousset*
P3192. La Mort suspendue, *Joe Simpson*
P3193. Portrait de l'aventurier, *Roger Stéphane*
P3233. Aventures en Guyane. Journal d'un explorateur disparu *Raymond Maufrais*
P3290. Mes Vies d'aventures. L'homme de la mer Rouge *Henry de Monfreid*
P3291. Cruelle est la terre des frontières. Rencontre insolite en Extrême-Orient, *Michel Jan*
P3314. Le monde comme il me parle, *Olivier de Kersauson*
P4041. Clipperton. L'atoll du bout du monde *Jean-Louis Étienne*
P4042. Banquise, *Paul-Émile Victor*

P4090. Pianotrip. Tribulations d'un piano à travers l'Europe
Lou Nils et Christophe Clavet

P4091. Don Fernando. Le seigneur de l'Amazone
Fernand Fournier-Aubry

P4132. À la recherche de mon fils. Toute une vie sur les traces d'un explorateur disparu, *Edgar Maufrais*

P4133. Un long printemps d'exil. De Petrograd à Saigon. 1917-1946, *Olga Ilyina-Laylle, Michel Jan*

P4193. À la recherche de Livingstone, *Henry Morton Stanley*

P4194. Eiger, la dernière course, *Joe Simpson*

P4277. Croquis de voyage, *Joseph Roth*

P4278. Aller voir ailleurs. Dans les pas d'un voyageur aveugle
Jean-Pierre Brouillaud

P4377. Persévérer. On ne repousse pas ses limites, on les découvre
Jean-Louis Étienne

P4378. Aventures au Mato Grosso, *Raymond Maufrais*

P4418. De l'esprit d'aventure, *Gérard Chaliand, Patrice Franceschi, Jean-Claude Guilbert*

P4446. Laissé pour mort à l'Everest, *Beck Weathers, avec Stephen G. Michaud*

P4447. Les Fleuves immobiles, *Stéphane Breton*

P4498. Le Sur-vivant, *Reinhold Messner*

P4499. Paul-Émile Victor. J'ai toujours vécu demain
Daphné Victor, Stéphane Dugast

P4557. L'Aventure, le choix d'une vie, *Collectif*

P4558. Une saison de chasse en Alaska, *Zoé Lamazou et Victor Gurrey*

P4559. Mémoires *suivi de* Journal de guerre, *Roland Garros*

P4603. La vie que j'ai choisie, *Wilfred Thesiger*

P4669. Inventer sa vie, *Jean-Louis Étienne*

P4690. Trois ans sur la dunette. À bord du trois-mâts *La Boudeuse* autour du monde, *Patrice Franceschi*

P4740. J'ai épousé l'aventure, *Osa Johnson*

P4741. Une femme chez les chasseurs de têtes, *Titaÿna*

P4790. Premières Expéditions. Quatre du Congo & Terre farouche
Patrice Franceschi

P4791. Grandes Traversées. Qui a bu l'eau du Nil & Raid papou
Patrice Franceschi

P4871. Sur la route 66, *Stéphane Dugast, Christophe Géral*

P4892. Baïkal-Amour, *Olivier Rolin*

P4915. En radeau sur l'Orénoque, *Jules Crevaux*

P4992. Dans les pas d'Alexandra David-Néel. Du Tibet au Yunnan
Éric Faye, Christian Garcin

P5017. Des nuages plein la tête. Un pâtre en quête d'absolu
Brice Delsouiller

P5061. Seul à travers l'Atlantique, *Alain Gerbault*

P5062. La Terre magnétique, *Édouard Glissant*

P5063. Dans mes pas, *Jean-Louis Étienne*
P5064. Raga. Approche du continent invisible
Jean-Marie Gustave Le Clézio
P5165. Aux confins de l'Eldorado. La Boudeuse en Amazonie
Gérard Chaliand
P5166. Vivre libre. Le testament spirituel d'un écrivain
Henry de Monfreid
P5202. Titayna : l'aventurière des années folles
Benoît Heimermann
P5203. La Mer pour aventure, *Collectif*
P5204. Lawrence d'Arabie. Le désert et les étoiles
Flora Armitage
P5205. Travelling. Un tour du monde sans avion
Tangy Viel, Christian Garcin
P5166. Vivre libre, *Henry de Monfreid*
P5257. Endurance. L'incroyable voyage de Shackleton
Alfred Lansing
P5358. Voyage sans cartes, *Graham Greene*
P5359. La Folle Équipée, *Patrice Franceschi*
P5396. Amelia. Le fascinant destin de la plus grande aviatrice du monde
Bernard Marck
P5397. Un art de parcourir le monde. Paris - Hong Kong à vélo.
11 155 km, 371 jours, 23 pays, Florian Coupé
P5398. Les Aventurières du ciel, *Katell Faria*
P5429. Alpinistes de Staline, *Cédric Gras*
P5430. Le Massacre des Indiens, *Lucien Bodard*
P5481. Le Tour du monde en 80 livres, *Marc Wiltz*
P5492. Routes sans lois, *Graham Greene*
P5493. L'Expédition de La Pérouse, *Jules Verne*
P5537. Patagonie dernier refuge, *Christian Garcin, Eric Faye*
P5538. Vers le pôle, *Fridtjof Nansen*
P5602. Femmes d'aventure, *Priscilla Telmon, Daphné Buiron*
Justine Muzik, Aurore Asso, Katell Faria, Mélusine
Mallender, Catherine Maunoury
P5634. La Légende du baron rouge, *Stéphane Koechlin*
P5662. Nourrir la bête, *Al Alvarez*
P5922. Jusqu'au bout de la peur, *Geoffrey Moorhouse*
P5924. Les Secrets de la mer Rouge
Henry de Monfreid
P5925. Ma vie souterraine. Mémoires d'un spéléologue
Norbert Casteret
P6109. Seul vers l'Everest, *Earl Denman*
P6120. La Saga des Maufrais (Collector). Aventures en Guyane,
À la recherche de mon fils et Aventures au Mato Grosso
Raymond Maufrais, Edgar Maufrais
P6179. Alpinistes de Mao, *Cédric Gras*

P6230. La Dernière Frontière, *Volodia Petropavlosky*
P6231. Ailes ouvertes. Carnet d'une aviatrice, *Maryse Bastié*
P6321. La Géographie et quelques explorateurs. Et autres récits d'aventure, *Joseph Conrad*
P6322. Comment partir en exploration. Et autres articles (1949) *Raymond Maufrais*
P6323. Carnets d'Abyssinie, *Wilfred Thesiger*
P6324. Le Savoir de la peau, *Gérard Chaliand*
P6325. Toutes les routes possibles (Collector). Quatre du Congo, Terre farouche, Qui a bu l'eau du Nil, Raid papou *Patrice Franceschi*
P6358. Mustang. Royaume tibétain interdit *Michel Peissel*